〈まなび〉と〈教え〉

——学び方を学べる教育への希望——

学びの論理と文化研究委員会
まとめ＝長谷川　孝

国民教育文化総合研究所十五周年記念ブックレット2

目次

装幀・若林繁裕

はじめに

今、なぜ、「まなび」なのか

「まなび」――あそび・まねび・ならい・てつだい。子どもたちが（もちろん乳幼児も）育っていく日常の暮らしの中のすべての行いを通して、フルに発揮しているのが学ぶ力です。しばしば、思いもよらないことをしてみせて、どこで覚えてきたの？　と大人たちを驚かせます。まさに学ぶ力は、育つ力であり生きる力であり、その源泉でもあるのです。

しかし、「学びからの逃走」などと言われたり、学ぶ力の衰えが指摘されたりしているのが実情です。そのため、学ぶ力をどう育てるかという議論もあり、学習塾の広告では「学ぶ」がキャッチフレーズにさえなっています。

学校は「学び舎《や》」と言われるように、学びの場であるとされてきました。でも、実際の学校は、「教え舎」であった、という批判もできます。教えの場であったのですから。教育実践の多くも、教育学も、もっぱら「教育する」という視点や発想ばっかりの立場で学びを見て論じて、指導して組織してきたのではないか、という批判もあります。

こうした実情に対応して、学びの視点や発想の立場から、あらためて「まなび」を見つめ直し、「おしえ」を問い返して、その好ましい関係のあり方を考えることが求められているように思います。こうした課題を踏まえ、国民教育文化総合研究所（以下、教育総研）では、二〇〇三年四月に「学びの論理と文化」研究委員会を設置し、二年間にわたる論議を重ね、中間報告『あしたの学びを考える』（『教育総研年報２００３』所収）と最終報告

『学びと教えの分裂をどう超えるか』（『教育総研年報２００４』所収）を発表しました。
本書は、この報告を踏まえてまとめたものです。二つの報告も合わせてお読みいただければ、ありがたく思います。

「学びの論理と文化」研究委員会をつくったわけ

研究委員会を設けた主旨は、次のようなことでした。委員会の論議の中で見えてきた課題も少なくないのですが、まずこのようなことから論議はスタートしたのでした。

いま、教育改革が大きなテーマとなっています。教育改革はくりかえし論議されていますが、必ずしもうまくいったとは言えない結果であったと思います。昨今の教育改革も学力や総合的な学習などをめぐって「混乱」とも言えそうな状況があります。

なぜか、と考えて見ると、教育化（過・渦・禍）した社会状況、教育＝学校教育という現実の中では学校化（過・渦・禍）ですが、そうした状況を放置し、またはさらに強めるような改革でしかないところに、その原因の一つがあるようにも思われます。言い換えれば、「学び」の不毛化・不自由化、学びの環境の荒れ、学ぶ力の衰えなどへの対応策がないままに、教育システムの強化・拡充に流れている、ということです。

言うまでもなく教育・教えは、学習・学びと対の概念です。しかし現実は、教育のはたらきかけの結果としての学習＝勉強となっており、動機づけから成績まで教育指導のコントロールの下に置かれています。そこでは、学ぶものの疑似的な主体性に教員が自己満足する、という事例もみられます。その中で、学ぶものは次第に「教えられ上手の学び下手」となり、学ぶ力を衰えさせます。

「学習」は、学校の授業を受け、予習復習をし、宿題をするといったことに矮小化されてしまいます。つまり、教育・教えと学習・学びの対の関係が崩壊し、従属関係になってしまっているということです。

この結果、「学習」は教育から与えられた知識を「受け入れる」ことになり、問いをもつこと、疑問を出すこと、批判すること、考えることなど学びの重要な要素は忘れられてきました。学校の授業を受けて覚えたことには価値があり、自らの自学自習で覚えたことには価値がない、という認識を植え込みました。例えば学生たちは、「(小・中・高校まで) 批判はしてはいけないことだった」と言います。考えさせられる、学ばされることから逃げ出しています。このような、主体的で自立した学びの衰え、崩壊状況は、教育・学校教育の混迷・荒廃の基本的な原因ではないかと考えていいように思われます。

そこで、学びをあらためて直視し、教育・教育学の視点・発想（パラダイム）から解放された自由な観点・立場で学びの意味や価値や論理などを再発見し、主体的で自律的な学び、教育から相対的に独立した学びをどう再建していくかを考えてみたいと思います。もともと学びは、生活（暮らし・遊び・仕事）の中にあふれています。それは、現在もおそらく変わっていません。しかし、いつも教育・教育学の視点・発想からとらえられ論じられてきました。学習・学びの視点・発想（パラダイム）が確立されていないからでもあります。

＊学び・学びの文化の現状の分析と問題点。学びと学びの環境を壊したものは何か。

＊学習・学びの視点・発想（パラダイム）から学びをとらえ直し、教育も見直す。

＊学びのイニシアティブを考え、生かすための理論や条件。学ぶ力を育てる（再建する）ためには何が必要か。教育・学校教育はどう変わらなければならないか。

＊学び（学習）と教え（教育）の関係のあり方、現状をどう変えるか、相互の緊張関係の大切さなどを考える。教えるものがしっかり学んで（学び合って）いてこそ、教育・学校教育も生き生きとする。これは、教育

職場での学び＝労働権としての学びにもつながる。
——当面はこんなテーマが予想されるが、論議の中でテーマそのものを掘り下げていきたい。

研究委員会は、こうした主旨で論議を進めました。そして、二〇〇三年五月に中間報告、二〇〇四年五月に最終報告をまとめ、発表しました。

「提言」で言いたかったこと

この最終報告には、次のような三項目の「提言」をつけました。報告の要旨《エッセンス》を取り出し、端的に訴えかけようとまとめたものです。

つながりを発見し、つながりを深めよう。
生活の中の諸経験と学問知の
知識と知識の
教科と教科の
自分の思考と他人の思考の
地域と学校の
実践と実践の
——つなぐこと、紡ぐこと、それが教職員の仕事だ。

学ぶことと教えることは、一体の行為である。

学ぶことの豊かさ、楽しさを、身をもって実感し、示すこと、それが「教える」ということの基本だ。

自分の中の「子ども」を大切に育てよう。

挑発しつつ、学び手の「語り」をひきだそう。

知の量よりも質を
よい学びは精神の磁力を高める。関心という名の磁力を。
世界に順応するための学習ではなく、世界にはたらきかけ、世界を変える市民的知性を。
次の社会をどう展望するかで学びの「基本」が決まり、「基礎」の中身がつくられる。

この「提言」で言いたいことは、
① 「まなび」は教育に従属したものではなく、自立した一人ひとりの生存的で、世界とかかわり世界にはたらきかける主体としての自らを形成し育てるいとなみ・はたらきであり、このことを尊重し生かした教育のあり方が求められる。
② 教育の役割は、体系的・客観的な知識の供与・伝達ではなく、子ども（学ぶ人）が自ら獲得し、もっている経験や知識や考えを、より広め高め深めるために、外の世界や概念や思考と出あえるように「橋を架ける」ことに大きな意味がある。
③ 教えるいとなみの基本は、教えるものが自ら学ぶことであり、そのためには教職員の学ぶ自由・精神の自由が大切で、自ら学ぶ教職員でなければ自ら学ぶ子どもに応えられないし、学ぶ力を育てることはできない。

④　知識は、ただ多く貯め込んでも価値は乏しく、学んだ人が自分にとっての意味をつかみ、それによって世界を見たり・つかんだり・かかわったりできることが大切で、こうした知識の質を「市民知」と言いたい。

――といったことになります。少なくとも「与え・施す」教育は、学ぶ人との関係の中で、教える側の人が自覚的に変えていくことが必要ですし、そうした取り組みを支えていく仕組みをつくっていくことが求められます。

しかし、教育「改革」の現実は、けっしてこの方向に向かっているとは言えません。むしろ逆方向に向かっています。けれど、このままでは「教育」が「エデュケーション」とは異質のものになっていく、という恐れを強く感じざるを得ません。つまり、エデュケーションの原義である「ひきだす」とは反対に、それとは異質の「おしこむ」または「ひきまわす」教育になっていくということです。

こうした中で、教育に携わるものが、教育的視点・発想だけでなく、「まなび」の側からの視点・発想を合わせ持つことは、きわめて大事で意味のあることではないかと考えます。「学びの論理と文化」研究委員会の論議と報告は、そのために多少なりとも役立つのではないかと思います。わたしたちは、「まなび」を自立した生存的ないとなみ・はたらきとして捉える視点・発想は、教育の再生と改善にも有効であると考えています。

＊　＊　＊

サッカー・ワールドカップの代表チームの監督のあり方をめぐって、トルシエ元監督が「監督には組織を重んじ、そこに選手を適合させるタイプと、ジーコのように選手の経験を信頼し、自主性に任せるタイプがいる。経験が足りない日本代表には前者のタイプが適任だ」（二〇〇六年六月十七日付『毎日新聞』）と発言しています。ジーコ流は、選手が自ら情勢を読み取り、分析し判断し（考え）、表現し話し合い、何をすべきかを自ら決めて行動することを求める、と言われます。つまり「考える力」です。「まなぶ力」と言ってもいいでしょう。

トルシエ元監督は、日本の選手にはそうした力がないと考えているのでしょう。だから、「具体的に指示を出し、指示に従ってプレイさせることが必要だ」とも言っています。ジーコ前監督の考えは正しいけれど、日本の選手はジーコ前監督の期待に応えるだけの力がない、と言っているわけです。そして、ジーコ流が世界標準であり、世界のトップチームのプレイのあり方と言えるでしょう。

トルシエ元監督の発言のように、ジーコ前監督の後任は「指示してやらせる」監督がいい、と言われるのは悔しいことではないですか？　世界標準のプレイができる選手をそろえて、ジーコ流を定着・発展させ、Ｊリーグの試合も世界標準になったほうが、楽しいではないですか。

でも、トルシエ元監督に「指示して、やらせる」ことが必要と言われた選手たちの背後に、学校教育や、そこで教わる子どもたち・若者たちの姿がダブります。指示し・やらせることに慣れてしまった学校教育と、指示されて・やらされることに慣れてしまった子どもたち・若者たちの姿です。

新たに就任したオシム監督も、「考えながら走る」意識を促すなど、「考えろ」が基調のようです。就任早々の大学生チームとの練習試合では、フォーメーションについても「自ら考えろ」と要求、「相手がどういう戦術で来ても、自分たちで考える力、対応する能力を身につけるのが、今日からの練習の狙い」、「軍隊ではないので、試合前に命令はしていない」と話したそうです（二〇〇六年八月七日付『毎日新聞』）。

サッカーの試合を見ながらも、やっぱり考える力、学ぶ力を育てなくちゃ、と考えてもらえればと思います。サッカーだけでなく、わたしたちの社会の在り方にかかわることだからです。

＊　＊　＊

この本が、そうしたことに役立てば幸いです。

なお、この本は、教育総研の創立十五周年の記念出版の一つとして刊行されました。「学びの論理と文化」研究委員会の報告を記念出版の一つに選んでいただいたことをありがたく思うとともに、教育総研の教育の未来に向けての課題提起でもあると受けとめています。

二〇〇六年　八月十五日

Ⅰ 「まなび」を考えるために～意味と現状

1 「まなび」とは何だろう

まねび、あそび、手伝い

部屋の電灯のリモートコントローラー。二歳ほどの子がそれを、誰も教えたわけではないのに、けっこう使ってみせます。ふだん大人たちは、それをほとんど使いません。幼児がたまたま手にとって、いじくって遊んでいるうちに、どれかのボタンを押すとついたり消えたり、明るくなったり暗くなったりすることを知ったのです。まあ、その前に、今は携帯電話をはじめ、身の周りにボタンを押して操作する機器がたくさんありますから、コントローラーを見ただけで、ボタンを押せば何かが生じるものと知っていて、それに興味を持ち、手を伸ばすのです。親の携帯電話をいじくっていて、電話がかかってきたこともあります。保存番号や送受信記録を呼び出し、送信ボタンを押さなければかかりません。もちろん、番号も読めないし、使いこなしているわけではありませんが、少なくともそれで通話できることを知っているのです。ボタンのついている機器は、とっても興味深い「おもちゃ」でもあるのです。

幼児とのこうした体験は、誰もが経験のあることです。そうして、覚えてほしくないことも、知らぬ間に覚えてしまいます。遊ぶ・真似る・倣《なら》うという生活の中の行為が、学ぶ・知る・覚えるということに直結しているのです。少なくとも、目に見える・耳に聞こえる・手で触《さわ》れるような具体的なモノやコトは、教わらなくても知っていくのです。むしろ、教えられたことよりも、自分で知ったことのほうが、はるかに身についていくし、子どもにとっては楽しいのです。そうやって、自分の世界をつくり、広げていきます。

ことばも、周りの大人の話す音声を聞き、行為や表情を見て、親たちとのやりとりを通して、まず具体的なモノやコト、行為にかかわることから獲得していきます。そのときの大人たちの態度は、「教える」というよりも「付き合う」と言ったほうがいいはずです。まだ意味の分からないお話をウンウンと言って聞き、話しかけるのです。時折、言葉とモノを対応させたり、発音を注意したりもしますが、それも「教える」というよりは「対話」の一部であって、あくまでも基本は生活的な行為です。

幼児は、生活的な行為として遊び・まねび・倣《なら》い、学び、それを通してさまざまなモノやコトとかかわり、人の間（ジンカン）に加わり、「人間」としての自分を育てていくのです。

そして、こうやって育ってきた人が、やがて教育の場に登場します。逆に言えば、教育がかかわる人（子ども）は、こうやって学び育ってきた存在なのです。教育を受けてことばを獲得したわけではない子どもたち、他者（仲間）を知り、付き合いの経験を持った子どもたち、自然とのさまざまなふれあい体験を持った子どもたちがいて、教育は始まるのです。

教育が成り立つ前提（土台）として、主体的・自律的な「まなび」があるという、暗黙的で至極あたりまえのことを、確認しておきたいと思います。ということは、その「まなび」の蓄積をどう生かし引き出し伸ばすかは、教育のきわめて重要な役割だということも、確認しておくべきことです。

自然とのふれあい、社会とのふれあい

「捨て目、捨て耳」という言葉があります。ふだんの生活の中で、何気ないようなことも目耳にとどめておくことが大切、というような意味です。子どもたちはじつは、生得的に「捨て目、捨て耳」をいつも実行している、と言ってもいいのかもしれません。それが、遊びなどの暮らしの行為の中で子どもたちが日常的に行っている「まなび」なのです。

むしろ大人たちは、生活や仕事の忙しさにかまけ、目的や考えに引きずられて、「捨て目、捨て耳」を忘れ、そうだからこそ、おそらく「捨て目、捨て耳」を処世訓として書き付けなければいけなくなるのです。研究委員会最終報告の「提言」で、「自分の中の『子ども』を大切に育てよう」と述べた意味の一つにつながります。

ことばの獲得の過程でも、「捨て目、捨て耳」は大いに発揮されています。教えられてことばを習得する前に、つまり「習う」前に見て聞いて「倣う」がある、ということです。自然な「まなび」の過程です。そこには、いろいろな人（子どもにとっての、まず初めの社会）やモノ・コトとの豊かなふれあいがあります。

言語は一つの記号体系ですが、その約束事を記憶することで個人の言語の力がつくわけではありません。他者に働きかけ、他者から働きかけられるという生活的な豊かな経験が根底にあって、聞く・話すことを身につけ、さらに読む・書くことへと進みます。話し・話しかけられ、聞き・聞いてもらうという豊富な生活経験を踏まえて、読んでもらう・読むマネごとをする、書いてもらう・書いている姿を見るという生活経験の中で、文字を知り書くことを知って、読み・書きへの関心をはぐくみ、それを知ろうという意欲が生じ、それを学びとる能力を育てるのでしょう。

虫たちと遊び、草花や草木を使って遊ぶこと、山で草木の実を採り食べること、川や海で泳ぎ、魚を捕ること。こうした遊びの中の自然とのふれあいは、人（社会）とのふれあいとともに、その人の価値観の土台にもなりま

す。自然から（それ自体は自ら「教える」ことはありません）、多くのことを学んで（教えられて）きたのです。自然そのものは「教え」たりはしませんが、読み取ろうとする人に対しては、たくさんのメッセージを発しているからです。このような、自らはけっして「教え」たりはしないモノやコトそして人からも、何かを「教えられる」というのも、生存的な「まなび」の力なのです。

教育の場に登場した子どもは、そうした生活の中のさまざまな「まなび」の成果をたっぷりと蓄えて、教える者の前にいるのです。このことを、忘れてはならないのです。そして、それを忘れなければ、子どもたちを「教えられる」という受け身に立たせて疑問に感じない、ということもないに違いありません。

「まなぶ」ことのたのしさ～知って変わる——自分が・世界の見え方が・世界との関係が

幼い子が、遊びながら新しいことを知っていく姿は、とても能動的で、何とも生き生きとして、じつに楽しそうです。幼児にとって、身の周りにあるすべてのモノ・コト・人が新しい出あいの対象であり、それらを知ることで自分の世界が広がっていくのですから、うれしくないはずはありません。何でもいじくりまわり、何でもおもちゃにしてしまい、あれは何？　これは何？　と、聞きまくって、周りの大人を振り回したりもします。しかも、そうしたかかわりを、自分のイニシアティヴでつくり広げているのですから、生き生きしていないわけがありません。

電灯のリモートコントローラーをいじくれば、自分の行為によって電灯がついたり消えたり、明るくなったり暗くなったりという変化が生じます。玄関でピンポーンと押して名乗ることを覚えて実行すれば、中から誰かが応え、ドアを開けてくれます。保育園に行けば、いろんな子たちがいて、遊具を競って取りあったり、代わり番こをしたり、一緒に行動したりして、名前を覚え、お友だちができます。お友だちのお母さんと自分のお母さんの区別がつくようになります。自分のおじいちゃん・おばあちゃんでも、異なる人がいることも分かってきます。

本やテレビは、いろいろなキャラクターと出あわせてくれます。アンパンマンの本を見れば、しょくぱんまん、メロンパンナ、ジャムおじさん、ばいきんまん、ドキンちゃん……と、その仲間が広がります。そのキャラクターのついた商品は、すぐに見つけます。くまのプーさんと出あわせてくれるのも、絵本です。ワンワンが大好きになれば、テレビに一瞬出たイヌも見逃しません。

幼い子と付きあっていると、はっとすることが数々あります。例えば、「自分で（やりたい）」と言って大人の手を振りほどくことがよくあります。でも、急な階段の昇り降りを「自分で」しようとするとき（特に降りるとき）、しばらく立ち止まってから手をつないでくることがあります。スベリ台の上で手を離すにはタイミングと勇気が必要ですが、それができるようになっても、スタートの姿勢をとってから、下で大人の受け止める態勢ができるのをふと待つことがあります。

幼児は、「自分だけ」の力でやりたいと願うとともに、自分だけで「できるか」どうかを迷ったり思案したりして、それなりに考えたり、判断し、選択し、決意したりしているのです。学ぶということは、こうしたプロセス（高級な！）を不可欠にともなっており、幼児も例外ではないのです。

このように挙げていくと、楽しくうれしくないわけがないでしょう。遊び・まねび・倣いながら、たくさんのさまざまなモノ・コトを知り、いろいろな人を知り、自分は「○○ちゃん」で、お友だちは「△▽ちゃん」だと了解することで、自分は自分だと分かってもきます。毎日のように、「まなぶ」ことでどんどん、できることが増え、見える世界が変わり、新しい世界が広がるのですから、いきいきとして当然でしょう。

じつは、どれほど歳をとっても、新しい知見との出あいはあり、新しい世界が見えたり広がったりする喜び・たのしみはあるのです。子どもだけの特権ではないのです。でも、この喜びを忘れている大人たちは少なくありません。子どもとかかわる大人、保育者や教職員がもしそれを忘れていたら、子どもたちにはつらいことになりかねません。

他者を知る、他者とつながる

「学ぶということは他者と出会うことではないか。他者を自らのそばに、あるいは内に置きつづけることではないか」。「学びの論理と文化」研究委員会の最終報告では、こう述べています。父母を、祖父母を、保育園の先生を知り、そしてAちゃん、Bちゃん、Cちゃんを別々のお友だちとして知ることで、つまり他者の存在に映すことで、まず自分を「〇〇ちゃん」として分離し、自分という存在を学びます。

「他者」とは人ばかりでなく、さまざまなモノ・コト、そしてデキゴトも含まれます。それらの他者を知り、かかわり、「自らのそば、あるいは内に置きつづける」ことで、自分を位置づけていきます。世界とは、人と、さまざまなモノ・コト、デキゴトという「他者」と「わたし」(自分)との関係として、つかみとられていきます。その関係の説明として「物語」が編まれます。自分を組み立て、世界と関係づける叙述です。

遊びを中心とした生活の中で、きわめて能動的に「まねび」、「倣い」、「まなび」ながら、子ども(幼児)たちは、たっぷりと、こういうプロセスを生きています。そこでは、何かと出あうこと、何かを知ること、わかることが目的ではないのです。プロセスを生きることで、何かと出あい、知り、わかるのです。

他者と出あうということは、「世界」に乗り出し拓いていくこと、とも言えます。そこでは、世界も、乗り出すことも、その世界を歩いていくことも、目的ではなく生活的な過程です。歩くことで目的が生じることはあるかもしれませんが、それは過程的結果と言えます。

まず目的ありではなく、他者と出あっていくプロセスそのものが「まなび」の原点なのです。ハプニングが大切になるのも、プロセスだからです。幼児にとっての出あいの多くは、ハプニングであり発見です。

生活の中の「まなび」の枯渇

しかし、今、その生活経験、「まなび」の豊富さに、異変が生じつつあるように思われます。とても心配な状態だと言うべきでしょう。

では、子どもたちの「捨て目、捨て耳」の力、つまり「まなぶ」力が衰えてしまったのか。けっして、そうではないと言うべきでしょう。子どもたちは、「まなぶ」意欲も力も能動性も失ってはいないし、「まなび」から逃走したりしているわけでもありません。それは、幼い子たちに接し、その姿を見つめれば、何の疑問もない事実ではないでしょうか。なぜなら、「まなぶ」ことは、まさに人としての生存的な、生きることを支える営みだからです。「まなび」から逃げてしまったら、人間として生きることを捨てることになってしまうのです。

問題は、子どもたちを囲む生活の質、環境の質が変わり、経験、「まなび」に異変を生じさせているところにあるのです。「まなぶ」意欲や力を発揮できる場や機会が貧しくなり、そのために体験も貧弱になっている、ととらえなければならないと思います。

先に挙げたリモートコントロールの機器はその一例です。日常生活の中で、子どもの目に触れ、手で触るモノは人工物ばかりです。それらは「いのち」のあるものではなく、語りかけてくることはもっぱらマニュアルです。話しかけてくるのもテレビだったりします。

例えば島の海辺の子が海で泳ぐことがなく、真水の乏しい島にプールを造るという話や、農村地帯の子が日々目にしている田んぼの稲に米が稔ることを知らないなどという話は、すでに珍しいことではありません。生活環境の中の自然が貧しくなっているだけでなく、豊かな自然環境の中で暮らしていても、自然とのふれあいが少なくなっているのです。

リモートコントローラーから「まねび」「倣う」ものは、その機能です。しかし、それは誰かが、ある意図で、使い方も含めて設計し製造したものです。それをいじくりながら子どもたちは、目には見えない意図をも学びとることになります。それが、人工物が発しているメッセージです。意図に従え、というマニュアルのメッセージでもあります。

あふれる情報に関しても、まったく同じことが言えます。あふれている情報のほとんどは、自分の経験や身体感覚で直接に確かめることのできない、非生活的なものです。遠くのサッカー選手のことは詳しく知っていても、同じ地域でしっかりと働いている大人のことは知らない、ということになります。

しかも、その情報には、目に見えないところで組み込まれた「編集」の意図が含まれています。若い人たちと接していると、こういう編集およびその意図には無頓着に、情報を丸飲みしている傾向があるように感じられます。人工物には気をつけろ！　と言うべき時代であり、隠された意図を読み取り、情報を自分なりに再編集できないと、危うい時代なのです。リテラシーの大事さが言われる由縁でもあります。

理科教育の取り組みの中からも、子どものときに自然とたっぷり触れる体験の乏しさが指摘されます。遊びながら自然に親しみ、対話し観察し、自然を知り、興味や関心をもつことが、理科学習の土台として大事なのですが、その土台が危うくなっているのです。また、理科の知識の多くは、自然からのメッセージを読み取って、受け止め検証して、まとめ上げたものですから、科学研究の基礎とも言えます。

これらの土台や基礎が欠けていたり乏しかったりすると、実感をもって理科で学習した知識を受け止めることも難しくなります。子どもたちにとって、生き生きした知識にはなりにくいのです。理科学習への意欲の低下にもつながるということになります。

都市部では、自然も社会資本の重要な一部ですから、共有財産として人工的に管理され、花を手折れば「犯罪的」な行為になります。そうした都市の自然の中で、カタツムリもすっかり見られなくなりました。カタツムリの歌をうたっても、それを自分の目で見て知っている子は、どれほどいるでしょうか。手折った花を使って遊ぶこともできません。たくさんの虫を遊びの中で殺したことのある大人も、幼児が一匹のアリを踏みつぶそうとすれば、あわてて静止してしまいます。

時間と場を提供しても、自分たちだけでは「遊べない」子どもの現実が報告されたのも、はるか以前のことです。しかし、幼児の様子を見ていると、「遊べない」子どもというのはフィクションではないかと思えます。「まなぶ」ことの原初であり、「まなび」にあふれた行為でもある遊びは、子どもの生きる行為そのものでもありますから、遊ぶ力はしっかりともっているのです。それなのに、その力を思う存分に発揮して、遊びほうけることのできる場と機会と関係に恵まれず、やがて「遊べない」子どもになっていくのです。

また、おそらく、子どもを囲む大人たちに、遊ぶことより大切なことがある、という意識が強まり、それが子どもを規制しているという現実も大きいかもしれません。大人たちの中に、遊んでいるなんて無駄、その代わりに教育を受けさせたい、という強い思いがあるのです。遊ぶこと、遊びの中で学ぶこと、それが子どもにとって生きることであり、生きながら育つことだ、という大事なことが、この社会でおろそかにされている、ということです。

それは、子どもが子どもとして、自分自身として生きることをないがしろにしてしまうことにつながります。こうした社会情勢に、「教育化（過・渦・禍）」の影響を見ないわけにはいかないでしょう。教育最優先・教育主導の社会のあり方です。

最近の子どもや若ものは、あいさつもできない、常識に欠けるから、きちんと教育せよ、しっかり躾をせよと、政治家やテレビ出演の芸能人たちなどが言い立てる風潮があります。こういう人たちの言う「教育」が教育化状況の教育です。「大人がイメージする〝手本〟を仕立てて、それを訓練させ、身につけさせる」ことを要求するのです。でも、こういう教育は、じつは、する側にとっては気ラクなものです。教える側の言うようにできるかどうかで子どもたちを評定し、できなければ「やっぱり今の子はダメ」と片付ければいいからです。

子どもたちは、そういう「教育」をしたがる大人たちをよく見て、その姿からしっかりと学んでいるものです。〝イメージされた手本〟は脇におかれ、「教育」をしている大人自身がお手本ならぬサンプル（見本）にされているのです。学ぶ人には、教えられないことも学びとる力があることを忘れてはいけません。それを封じるためには、〝お手本〟に権威を与え「教育」に権力を与える必要が生じます。教育はしばしばこうやって、学ぶ人たちをしばりあげてきましたし、今も進められています。

本当に必要なのは、〝手本たり得ない自分〟を「見本」として自覚しつつ子どもたちの前に差し出し、考え悩み、迷い失敗もしつつも、生活し仕事し人生を生きている大人としての姿を見せることでしょう。子どもたちが、そういう大人たちのと出会い、かかわりを十分にもつことができないのが現実なのですから。

子どもたちが生活の中で、さまざまな活動をしながら主体的・自律的に「まなぶ」ための環境（機会と場）の崩壊状況が、放置できないところまできていることを示しているのではないでしょうか。言い換えれば、教育の場に登場する子どもたちの蓄えた「まなび」の成果が乏しくなり、または質が低下してきている、ということです。しかも、その原因は子どもたちにはない、または子どもたちにはどうにもできないものです。大人と、その大人がつくる社会にこそ原因があり、それゆえに責任も大人たちにあるのです。

それは、「まなび」の成果を当然の前提として、学校の教育を始めることができなくなることをも意味します。その意味で、教育にとっても重要な問題であるはずです。現状の教育をさらに拡充強化すれば解決できる、という問題ではないのだと思います。

子ども社会の崩壊

子ども社会の崩壊は、すでに言われ始めて久しいことです。子ども社会とは、子どもたちが自ら主人公として活動する、自治的集団です。イニシアティヴが子どもたちの手にある社会です。その子ども社会が崩壊したということは、子どもたちが生活経験として、自治的集団活動をできなくなった、ということです。それは、学びあい教えあい育てあう社会経験をできなくなることであり、人間関係のさまざまな問題を自治的に処理する経験ができなくなったことでもあります。

その結果、子どもたちは、いつも大人とのセット関係を背負っており、つねに大人の指図や評価にしばられ、それゆえに大人の目を気にしなければならない、ということになります。子ども同士の関係も、こうした負荷をともなっており、それゆえに「自分勝手」な判断や行為は、じつは、とても難しいことになります。

これまでに述べてきたような、子どもとその育ちを取り囲む環境から生じるさまざまな問題を感じとり、対応に苦慮しながら、工夫をして、多くの取り組みを重ねてきたのが、おそらく保育の現場でしょう。さまざまな問題を背負った子どもたちが初めての子ども集団として、保育者たちの前に集まっているからです。それゆえ、子どもの好奇心や意欲を大切にした、子ども中心のスタイルが、保育現場の基本となるのです。

日教組の教育研究全国集会の「幼年期の教育と保育問題」分科会でいつも問題になるのは、保育所や幼稚園の教職員と小学校の教職員の考え方の違いでもある「保育と教育の段差（遊びと学習の段差）」だと言われます。

保育所や幼稚園の「自由保育」は、子どもを好き勝手に遊ばせすぎるために協調性や我慢する力が育たず、小学校での学級崩壊の一因となっている、という意見が、しばしば学校側から出されるのです。

こうした批判に対して保育現場の側からは、次のような問いかけが返され、議論が始まります。静かに長時間、読み聞かせに集中する六歳児が、学校に入ると授業中に立ち歩き始めるようになるという実態は、いったいどう考えたらよいのか。保育における遊びでは静かに集中できるのに、子どもは学習をなぜ拒否するのか、と。

そこが、現場から発して、学びのあり方自体を問う、大切な入り口になると言います。保育現場からの問いかけを受けて学校側の教職員たちは、知識注入型、または教育主導型の学習中心ではない学びの場をいかに準備しうるのかと、静かな知の試行錯誤を始めることになるからです。

保育現場の基本スタイルにおいて大切にされている、知識注入型・教育主導型の学習に矮小化されない「まなび」は、子どもの育ちにとってはとても大切なものです。だとすれば、子どもたちの中にある柔軟性や創造性を大切にしてこそ、小学校における「読み・書き」という教育も生きたものになるのではないか、という教育観や教育実践の意識などをめぐる試行錯誤です。教育のあり方、質のとらえ方への問い直しです。それは、教育を仕事にしている自分自身の仕事観や生き方の問い直しにまで、つながるに違いありません。

2　教育の場に求められる、まなび・あそび・まねびの復活

学び遊ぶ機会と場の創出と提供

こうした状況が、教育（学校教育）に「新たな」課題、役割を要請しているのではないでしょうか。遊び、まねび、倣い、「まなぶ」場と機会を子どもたちの生活環境に再生し、提供し、その意欲と力を発揮できるように

し、自ら育つことを保障するという、課題と役割です。これまでの教育、特に学校教育の制度と思想が考えてはこなかった、「新たな」課題、役割なのではないでしょうか。

しかも、しっかりと受け止め対応することが急がれるべき、現代的な社会的要請だと思われます。子どもたちは「まなび」から逃走していない、と先に書きましたが、じつは生存的な「まなび」から逃走し始めているのかもしれない現実も無視できません。例えば「ひきこもり」の中に感じられる状況です。人の間（ジンカン）で人間として生きることへの意欲を衰えさせている恐れを否定できない、という気がします。

保育の現場は、こうした状況を敏感に感じ取り、取り組みを始めたのでしょう。それを可能にしたのは、保育の現場が「教育」の現場ではなく、「教育」の仕組み（制度）や考え方（発想や思想）から自由だったからではないでしょうか。それゆえに、「教育」というフィルターをかけることなく、子どもたちが素直に発信するメッセージを素直に受け取ることができたのかもしれません。

「教育」というフィルターは、教育の世界で大きな影響力をもつ伝統的学習観を見ればよくわかります。それは、効果的に知識を身につけるためには、まず教え手がいて初めて学ぶことができる、という考え方です。学び手が受動的な存在であり、しかも有能ではないと仮定し、それゆえに行動を形成するのは学ぶ側ではないとされてきました。だから「教育」が主導的に（イニシアティヴを握って）組織し指導しなければならないことになりますし、学習は教育に従属した受動的なものになってしまいます。

こうした考えに対する批判が出始めたのは、それほど古いことではありません。戦後日本の学習観を形づくった学習心理学の基盤が誤っていたと、学習心理学者が指摘したのは一九八〇年代の末でした（稲垣佳世子・波多野誼余夫著『人はいかに学ぶか』中公新書）。人は日常生活の中で効果的に学んでいるとか、教えられなくても環境に対する適切な働きかけを自ら工夫できるとか、さらにそれを超えて自分なりに納得のいく説明を求める、などといったデータが出されるのは、ほとんど一九七〇年代後半以降のことでした。

このような教育的な学習観は、「まなび」の能動性、イニシアティヴ、自律性といったものをたわめてきた、と言ってもいいでしょう。その教育が、学びの環境や場・機会の再生と提供、能動的で自立的な「まなび」の回復のための一定の役割を担わなければならなくなったのです。それは、教育が成り立った土台、エデュケーションとしての教育の土壌の再生という意味もあります。だとすれば教育自体が、その根本的な「観」のところから変わらなければならないことは、明らかではないでしょうか。「教育」というフィルターを外さないと、荒れた土壌にさらに化学肥料と農薬を施すことしかできないに違いないからです。

教育で「遊ばせて」はいけない、「学ばせて」はいけない

教育に携わる人たちは、保育者も含めて、子どもたちに「させる」「やらせる」ということばをよく使います。これは、その人たちが子どもに対して主導者・組織者であり、イニシアティヴを握っていることを示すことばでもあります。大人たちの日常会話でも、しばしばごく当たり前に使われます。

教育の実践報告は、教員の立てたプログラムにより子どもたちにこう「やらせ」たら、こういうすばらしい結果が出た、という記述にあふれています。しかも、その結果に、「自主的」とか「自治的」とか「積極性」とかといった評価がしばしば貼り付けられます。これに疑問を感じることなしには、教育は変わらないし、能動的で自立的な「まなび」の再生も難しいように思えます。

かつて、こんな実践報告を聞いたことがあります。意欲や積極性の乏しい子どもたちの実情を何とかしたいと考えたある小学校で、子どもたちの実態から長めの休み時間をとり、遊ぶことを呼びかけました。その「遊び時間」の成果が報告されたのですが、注目させられたのは、校庭で体を動かして思いっきり遊んでほしいと望みつ

つも、教職員たちは子どもたちに「外で」「遊びなさい」と指導していなかったことでした。子どもたちは自分の気持ちや判断で、校庭に出る子もいれば、ひとりで教室に残り、休む子も本を読む子もいます。休み時間は、「遊ばせ」時間ではなく「遊ぶ」時間なのです。

保育現場からも、こうした考えが出されます。指導して「遊ばせ」たり「学ばせ」たりするのではなく、子どもたちが自分たちで「遊ぶ」「学ぶ」ための時間や場をつくり、時にはいっしょに遊んだり学んだりしながら、寄り添って見守ることが大事なのだ、という考えです。ここにも「保育と教育の段差」があり、保育サイドと学校サイドの議論が起きたりします。

遊びや学びのイニシアティヴ、自主性や自律性への姿勢、かかわり方の違いです。それは、「指導」の質の違い、または指導観の違いと言うこともできます。「させる」「やらせる」のが当たり前、からの脱却が必要なのではないでしょうか。

「まなび」と教育とをつなぐために

「多くの子どもたちが、教師である自分を乗り越えていってくれた」とうれしそうに語る元教員の姿をふと思い出すことがあります。「乗り越える」とは、学ぶ側が「教えられた」ことの向こう側に何かを発見する（気づく）ということです。その教員とその学級の子どもたちが出あう場と機会で、「まなび」と「おしえ」がつながっていた、そんな教育の風景として、です。

子どもたちは、遊びをはじめ生活の中のさまざまな活動により、山や川、畑や田、地域の暮らしなどで、さまざまなモノ・コト・デキゴト・人たちと出あい、さまざまな課題を見つけ学級に持ち込みます。教員は、それを受け止め、ただ答えて教えるのではなく、分からないことは分からないと言い、調べ方や方向を示し、調べた結果をともに喜び、学ぶことの楽しさ・おもしろさを「教え」てもいました。

いま、学校にこうした雰囲気やゆとりは、あるでしょうか。事務処理に追われ、多忙で、子どもとじっくり付き合うゆとりもなく、上意下達が強まり……なくなったと言ったほうがいいでしょう。しかも、教育「改革」や教育基本法「改正」は、「教えるべきことを教えて分からせる」傾向を強めてさえいます。

しかし教育（エデュケーション）とは、「まなぶ」ことと「おしえる」こととの相互関係（つながり）と、その関係の中での相互の働きかけのこと、と言えるのではないでしょうか。それを、教える側からのみ見て「教育」として語ってきたような気がします。学ぶ側から見た教育論があってもいいはずですし、相互の支え合いとしての教育論があってもいいはずです。教育を、教える側の視点・発想に閉塞させないほうが、教育にとっても好ましいことだと思われます。

「学びの論理と文化」研究委員会は、次のような問いをもって、論議をつづけました。

「学習を真に子ども自身の意欲に支えられた行為として再生するために、わたしたちは、どうしたらいいのだろうか」

「何はともあれ、学びそれ自体が、子どもにとって魅力あるもの、意味あるものになっていかねばならない。学ぶことの楽しさと豊かさを、さらには、できるだけ大きな達成感を、子ども自身が感じ、発見することが必要なのだ。そのために、学習は、どうあらねばならないか」

「教育する側の意図と計画と働きかけによってまなぶ側の学びを組織していくことは、学校教育の基本である。しかし一方で、この学校教育の働きかけを受け止める主体的・自律的な学びが、生活（くらし・あそび・しごとの総合態としての）を基盤として存在し、学校教育が組織した学習への学びのエネルギーの供給源ともなっていた。ところが社会全体が学校型の教育に覆われると、学校教育の中でそれをエンパワー（力を蓄え直す）せざるを得なくなった」

という問題意識でもあります。

こうした問いと議論から出されたのが、最終報告のタイトル『学びと教えの分裂をどう超えるか』でした。「まなび」の側から考え、ものを言うことは、けっして教育を否定したり排除したりするものではなく、教育（おしえ）と学習（まなび）のそれぞれのあり方と関係を問い直し、双方の再生のために何が必要かを考えることなのです。

Ⅱ　学校における教育と学び

　この社会では基本的に、「教育をする」側から、それを行う人や仕組みや行為を中心に置いて、その視点や発想で、教育を考えています。教員の「教える」行為の従属値または変数として、子どもの「学び」が成り立ち、その成果が生まれる、と考えられてきました。近代学校では、事実として、学習はそのようなものとして組織されてきたのです。学ぶ者に学習すべきものを提示し、動機付け、分からせ、獲得させ、その結果を評価（評定）することで、教育によって「学ばせる」のです。それが学校における学習です。

　しかし、今、こうした教育と学習のあり方・とらえ方・論じ方の見直しが求められている、と言わねばなりません。いかなる「教え」であれ、学習者の「学ぶ」行為をとおすことなしには「教え」は「教え」として成り立たないのです。つまり教育はその前提としての学びがあってこそ教育として機能する、言い換えれば「教育という木」が生い茂るための「土壌」としての主体的・自立的な「まなび」を見直すことで、教育をも見直す、ということです。

　ところが、近代社会や近代学校は、この「土壌を耕す」ということを、つまり子どもの感動や驚き、生命のつながりの中で生きていることを体感するといった、生活の営みの中で子どもたちの内側に紡がれてきた多くの「土壌」の重要さを、無視してきたのです。言語で明示される（つまり体系として外部化されている）真理や事実としての知識の断片を、子どもたちに注入することを中心とした「貯金型の教育」を展開し、一元的で量的に測定できる尺度によって、子どもたちを序列化してきた、と言えます。

『沈黙の春』(一九六二年)で世に先がけて環境の汚染と破壊の実態を告発したアメリカ人、レイチェル・カーソンは、子どもたちが生涯にわたり消えることのない「センス・オブ・ワンダー」(神秘さや不思議さに目を見張る感性)を持ち続けられるようにすることの大切さを、次のように述べています(上遠恵子訳『センス・オブ・ワンダー』佑学社)。

「子どもたちがであうひとつひとつが、やがて知識や知恵を生みだす種子だとしたら、さまざまな情緒や豊かな感受性は、この種子をはぐくむ肥沃な土壌です。幼い子ども時代は、この土壌を耕すときです」

「自然は人間の苗床」とも言われますが、このような感性は、幼いときからの自然とのふれあいによる豊かな体験の中で培われます。そのような体験によって、子どものみずみずしい感受性が刺激を受ける機会が保障されることを必要とします。しかし、生活する環境の中で、そうした機会が大きく失われている現実を見据えると、学校教育が「土壌を耕す」という新たな役割を自覚し、その役割を担うにふさわしく教育そのものを見直すことも要請される、ということに、今、なってきたのではないでしょうか。

「教え」中心主義のままの教育では、「土壌を耕す」ことはできないと思われるのです。従来の教育の主要な欠陥の一つは、本来的に自立的な活動であり実践であるはずの「まなび」という行為を、非自律的・非活動的な知識の受容、外なるものの内への吸収に変えてしまうということです。知識の質は、その獲得のプロセスの如何によって大きく変わる、と言われます。今のままでは、土壌が干からびていくばかりです。

自分で取り組み、自分の活動をとおして獲得した知識は、自分の思考の糧として活用されますが、受動的に与えられ獲得された知識はテストくらいにしか役立ちません。それに対して獲得型・体験型の「まなび」の体験を豊かにもつことは、教育の場においても、より発展的な学習への大きなバネになるはずです。

主体的・自律的な「まなび」を山林や原野や海川をフィールドにした活動にたとえれば、教育は田畑で作物を作る農耕にたとえることができます。だとすれば教育も、いつも田畑を耕しています。しかし現代の教育は、まさにかつての高原野菜の畑なのだ、という気がします。

高原野菜の畑は、化学肥料と農薬漬けで、決まった栽培作物しか作らずに耕作を続けたために、土はボロボロになりミミズも棲めなくなりました。周辺の自然から「自立」した現代的・科学的で人工的な農耕が、土壌を干からびさせてしまったのです。そして、作物は農家が作るものとなり、作物自体が育ってくれるという感覚が消えていったのではないでしょうか。

1　教えられて、習う→倣う→慣らう

「習うより慣れよ」ということばがあります。「物事は、人に教わるよりも自分で直接に体験していく方が身につくということ」と辞書（『広辞苑』）は説明します。しかし学校教育では、この辞書的な正解は当てはまらないように思われます。「自分で直接に体験」するのではなく、「教わる」という間接的で受動的な体験で「習う」（習わされる）ことにより、教えられたとおりに「倣い」、やがてそれを身につけて「慣らう」ようになるだけでなく、「教えられる」ことにも慣れて身につける、という意味のほうが、学校教育的な日常では一般的に、おそらく「正解」と言えるのです。

「習うより慣れよ」に「慣れたら習え」と続けてみると、どうでしょうか。まず「倣う」ことで「慣れ」て身につけ、その倣って身につけたことを自分の中で問い返し検証していくのが「習う」だと考えれば、このプロセス全体が「まなぶ」ということだ、と読み取ることができるように思います。この「習う」ときに、寄り添い支

援（ケア）し、ともに考える営みとして「教育」のはたらきが必要とされるのではないでしょうか。「教えられて、習う→倣う→慣らう」という学校教育的なプロセスは、自らに問い返し検証するという、きわめて大切なことを抜き落としがちになります。しかも、与えられた一つの正解に「慣れ」させてしまいます。こうした教育は、主体的・自律的な「まなび」に逆行し、損なうことにもなります。

これが、現実の学校教育の大勢でしょう。こういう教育でこそ「愛国心」の教育ができるわけですから、政治権力による大衆支配にはじつに好都合の教育、ということにもなります。政治権力が、その執行機関としての教育行政が、こういう学校教育を求めるのは、けっして不思議なことではありません。

ある新聞記者が、こんなことを書いています（二〇〇六年六月二十八日付『毎日新聞』「発信箱」）。

外食を終えて出た街頭で、W杯サッカーの応援で君が代を大声で歌っている若者たちに出会い、「彼らのその屈託のなさが、私には落ち着かなかった。食事の席で『日本とアメリカが戦ったことを知らない若者がいるそうだ』という話を聞いたせいもあった。／いつの時代も、若者は無知だと大人は言う。無知が悪いのではない。無知ゆえに、自ら考える機会を放棄することが怖い」。そして、アウシュビッツも知らない学生のことを挙げ、「彼らは知らないことを『習っていないから仕方がない』と考える。その代わり、教わることには従順だ。昔の若者を『無気力・無責任・無関心』の三無主義と呼ぶなら、今の若者は『無知・無邪気・無抵抗』か」と続け、卒業式での君が代斉唱が一〇〇％近いことに触れ、「同じ発想で『愛国心』が学校で教えられる社会をつい想像してしまう。愛国心が悪いのではない。その意味を考えない癖がついてしまうことが怖い」。

現状をシビアに言えば、「自ら考える機会を放棄」するというより、その「自ら考える機会」についてすでに「無知」になり、考える「自ら」（自己）を見失ってしまっているのではないか、という不安を感じます。また、

「その意味を考えない癖」はすでに「ついてしまっている」と言わざるを得ないかもしれないのです。「習い→倣い→慣らう」状態に慣れさせられているからです。

「考える」とは、自ら問題点・課題を発見し（気づき）、疑問を持ち（批判し）、自分の「問い」をつくり、その問いを自分の内側にくぐらせ、比較検討し選択する（自分なりの「答え」をつくる）、さらにその「自分なりの答え」を検証する、という一連の過程を指します。つまり、自分が出あった情報（知識や技能や経験など）を鵜呑み・丸飲みにせずに編集するプロセスです。

しかし、「考える」プロセスを構成する要素である「気づき」「疑問・批判」「自分の問い」「選択」「自分なりの答え」「検証」のどれもが、育ってはいない、または育つことを阻害されている、と言わざるを得ないのが実情なのです。

答えは一つ・答えをつくる

「慣らう」ことにすっかり慣れてしまうと、与えられた知識や技能や考えなどを、何の疑問も批判も持たず、自分の「問い」を持って問い返すこともせず、与えられたままに鵜呑み・丸飲みにし、与えられた答えを「唯一の正解」として受け入れ、それ以外の答えや考えを想像することもしなく（できなく）なります。一方的に流れてくる情報のあふれたこの時代に、何とも恐ろしいことです。

そこでは、「正解を想定する」ことはあっても、「自分なりの答え」をつくることは想定されていません。つねに「一つの正解」に向けて、駆り立てる仕組みが、学校における学習の流れになっていると言えます。しかし、正解は、想定されるいくつかの答えの中から、原因や条件を検証し判断して選び取るものなのです。

正解にはそれを成り立たせる原因と条件がありますから、それが変われば正解も変わることになります。だとすれば、原因と条件が変わるごとに、いくつもの答えがある、というのが「正解」です。

例えば、水の沸点は摂氏一〇〇度と教わります。でも、長野県では何度実験しても、その結果が出なかったりします。一〇〇度にならないのです。授業でこうした現実に出あいパニックになった教員がいた、という実話を聞いたことがあります。「1＋1は2」も十進法における正解であり、二進法なら「1＋1は0（10）」となります。授業で二進法について聞いた小学生が、感想文を書いた原稿用紙の余白に二進法で一〇〇まで書いてきた、という話もあります。その子が「1＋1は2」を正解として納得するための過程だったのかもしれません。

授業で習う豊臣秀吉の朝鮮出兵（文禄・慶長の役、韓国では「壬辰倭乱」「丁酉再乱」と呼ぶ）の見方も、東アジアという視点で見直すと新たな歴史像が描き出されるそうです。「常識だと思っていた歴史像は、近代国家の枠組みや仕組みを投影して描かれている事実だった。『現代の常識は、過去の常識と同じではない』という声が相次いだ」と、世界の研究者が参加して韓国で開かれたシンポジウムを伝える記事（二〇〇六年六月二十八日付『朝日新聞』夕刊）は伝えています。

秀吉による「刀狩り」も、学校で習った「民衆の武装解除」という理解は変更を迫られているようです。「村に多くの武器があることを認めながら、村と百姓が武装権（帯刀と人を殺すこと）の行使を封印することを求めた」もので、民衆は現実に多くの鉄砲や刀（脇差）を持っていても「農具」として保有し使用するのであり「武器」としては使わない、と自ら封印したのだというのです（藤木久志著『刀狩り――武器を封印した民衆』岩波新書）。

学校で教えられ学習した知識が、目にウロコとして張り付いていた、という気がします。このウロコがあるから「目からウロコが落ちる」感動がある！　なんて言ってはいられません。答えは一つというウロコ、批判しない・疑問をもたないというウロコ、そして愛国心というウロコも付けさせようとする動きがあるのです。権力者にとって学校教育が大きな魅力を持ち、教育権限を支配したいと駆り立てるのは、この「ウロコ力」があるからでしょう。「常識」とは、このウロコの主要構成要素の一つなのです。

このように見てくると、学校で教え与える知識は、社会的または学問的に「常識」とされたものに過ぎないことが分かってきます。その常識的な知識を、どこかで誰かが「正解」として選定しているのです。新しい考え方、学問的新説は、そこでは排除されます。しかし、なぜ、どのように、それが「正解」として選ばれたのか（選ばれなかったか）は知らされないまま、覚えて身につけるべき「一つの正解」として与えられるのです。

しかも、与えられた「一つの正解」には、それに素直に従い受容せよ、というメッセージが隠されています。それは、自分の勝手に学ぶな、教育に導かれて学べ、ということです。正統な学習は、教育に導かれてこそ成り立つ、というわけです。

ものごとが分かることを示すことばに、「納得解」と「常識解」、「義解《ぎげ》」と「身解」という熟語があります。「常識解」はいわば一般的な正解で、「納得解」は自らによる検証をとおして了解した答えだといえます。「義解」は意義を解き明かすことで、「身解」は体得することです。

学校は通常、「常識解」を「身解」をともなわない「義解」として教え、覚えさせている、と言えるのではないでしょうか。秀吉の朝鮮出兵や刀狩りの知識も、教科書的な知識、まさに「常識解」なのです。しかも、その「解」を成り立たせている視点や原因や条件などはきちんと提示されず、その検証も問われてはいないのです。

しかし、肝心なのは「常識解」ではなく「納得解」なのです。「常識解」をもっぱら受け入れていると、やがて自ら「納得解」を求める心を失い、いずれ「慣らう」身体になっていきます。

ならう身体・考える身体

「まなび」には、それぞれの学び手がそれぞれの「納得解」を求めるプロセス、「常識解」を問い返し「義解」から「身解」に至る、または「義解」と「身解」を統一するプロセスが大切なのではないでしょうか。それは、教育をしっかりと受け止める主体的で自律的な「まなび」のはたらきでもあります。

「まなび」を生かしつつ「教え」も生きる、ということです。こういう「まなび」と「教え」の出あいが望まれます。しかし現実の学校教育は必ずしも、こうなっているとは言えません。むしろ、「まなび」を抑え込みつつ「教え」が硬直する、というようになっているのではないでしょうか。そこでは、「慣らう」身体にこそなれ、考える身体は育ちません。

教育基本法の「改正」政府案で、「愛国心」が「国を愛する態度」という表現になりました。しかし、戦前の「修身科」は「心」ではなく「身」を修める教科であったことを思い出す必要があります。たとえ心は空しくとも無意識に身体が動き、または心に疑問があったとしてもそれを抑え込んで動く身体にして、身を捧げることができれば、それこそが大事だったのです。与えられることに慣れ、受け身で鵜呑みして、考えない身体・「慣らう」身体になって、人ができることは、命令を丸飲みしてその実行に身を捧げることです。つまり、「お国のために命を捧げる」ということに、つながっていきます。

批判することの大切さを聞いて、「批判するなんて、気持ち悪い」と反応した大学生がいました。「気持ち悪い」ですから、それは身体反応としての批判拒否と言えます。批判しないことを「慣らい」、身体に刻み付けたということです。短大生の一人が「一年間の授業で、『批判すること』の大事さはよく分かりました」と述べて、こう続けました。「でも私たちがこれまで受けてきた学校教育では、『批判することは、してはいけない』ことでした」。

これを聞いた別の大学生は、こう言いました。「『批判できない』という意見があったけれど、実際、私たちは、批判することは良くないことだと思っている。学校なんかだと、周囲が肯定派ばかりで否定意見を言い出せないことも多く、言うにはとても勇気がいる。また、先生は『疑ってはいけない』と教えるし、学校には『先生は正しい』という雰囲気がある。そういう状況で育った子どもは、無意識にでも『批判はいけないこと』と考える。それでは疑問は出ない。というか、とても言えない」。

学校教員は一般的に、批判されることや疑問を出されることに弱い、という印象があります。「正解を供給する者」の立場にあって、「正解」への批判や疑問はありえないことになりますから、それへの対応をする必要もないし、ましてやそれにさらされることもないわけです。批判される・疑問を出されることに弱い人は、おそらく自ら批判する・疑問を出すことにも弱いに違いありません。そうした教員とのかかわりの中で、子どもたちに批判力や疑問提出力が育つわけがありません。教員に、批判・疑問にきちんと応える力、きちんと批判し疑問を出す力の両面が求められます。

大学生たちは、批判だけでなく、発言することにも消極的です。発言すべき意見がないわけではないのです。書いて出すものには、いい意見が少なくないのです。しかし、周りと違うことを言ってしまってはいけない、自分だけが目立ってはいけないと、周囲を見渡して、発言ができなくなる、というのです。でも、一つの正解を求められたなら、安心して手を挙げ、発言できます。周りと違う心配はないからです。

ところで、二〇〇六年度に入学した大学生は、様子が変わってきたと伝えられます（二〇〇六年七月二日付『東京新聞』）。彼らは「ゆとり教育第一世代」なのです。「人前での議論が平気で、プレゼンテーションが得意」な学生や「話し合うのを嫌がらない」学生、「間違いを恐れずに自分の意見を言う」学生が多く、「グループでの話し合いに抵抗感がない。共に考え、学びあう姿勢はゆとり教育が目指したものだ」「学生はディベートなどの勉強のスタイルは身に付いてきているのだから、さらに自分らしい物の見方や探究心を磨いてほしい」という大学教員の指摘を同紙は伝えています。

「学力」低下という非難で、見直されて中途半端にされた「ゆとり教育」。総合的な学習の導入や教育内容の精選（削減）が行われました。その狙いは、詰め込み型や偏差値学力型の教育を見直そうとすることでした。その狙いが成果として現れた「第一世代」とも言えるでしょう。同紙の記事で大学教員は、「今の大学では知識の量よりも、情報を分析したり利用したりする力が求められていて、総合学習の経験が役立つ」と話しています。

学校教育のあり方が変わったことが、大学生の学び方に変化をもたらした小さな例かもしれません。教育が変われば、子どもたちの育ちが変わる、という可能性が見えると言えるでしょう。

体験のもつ意味～例えば、いろいろな「1」の体験

「1」を数学的に定義（説明）しようとすれば、数ページにわたる記述が必要だと聞かされたことがあります。その「1」も、生活体験が出発点です。リンゴの実を丸ごと一つ皿の上に置くと「1」です。それをナイフで四つに切れば、リンゴ片としてみれば四切れですが、リンゴとしては一個分です。

こんな話があります。お兄ちゃんの友だちが遊びにきたとき、リンゴを四つに切って一切れずつ渡したら、そこに幼い弟が来てリンゴを欲しがりました。母親は兄に話して一切れのリンゴをまた二つに切って、弟に渡しま

した。もっと小さいときは「はい、ボクも一つね」で納得していたのに、三歳ごろになると「(友だちのリンゴの一切れに比べて)ボクのは、小さい」と言うようになった、というのです。幼児は、同じ「1」でも違いがあることを、生活体験の中で知ったのです。つまり、同じ「1」でも、具体的にはいろいろな「1」があるということです。

ドイツの小学校では、子どもたちの体験したいろいろな「1」から、算数の学習を始めると聞いたことがあります。具体的に体験したさまざまな「1」を出しあって、「そうだね、いろんな1があるね」と子どもの体験知としての「1」を確認し、それを算数(数学)の「1」につなげていくのです。生活の中の数(カズ)をベースにして、観念的な数(スウ)につなげていく工夫だと思います。

「センス・オブ・ワンダー」の基盤も、生活の中のさまざまな体験です。ことばの基盤も、もちろん生活の中の体験です。記号としての言語が、生活の中のさまざまな体験と結び付いて具体化し、イメージ化され、生きたことばとなり、自分のことばとなります。

子どもたちのその体験を、学校教育は従来、どれほど生かしてきたか、大切に扱ってきたか、と考えさせられます。一方で、子どもたちの体験は、自然体験も、社会体験も、生活体験も、そして遊びの体験も、劣化を強いられているのです。

今、小中学生がかかわる大人の数は、どれほどでしょうか。親と教職員と、塾とスポーツクラブのコーチたち。地域社会で生活し働いている大人と、子どもとのふれあいは、きわめて限られています。大人に対しての「ワンダー」を感じる体験の機会は、きわめて少ないのが現実です。

こうした体験の劣化への対策として、総合的な学習(総合学習)がもつ可能性はきわめて大きなものです。学校教育によって、体験の機会と場を保障するのが総合学習の取り組みです。しかし、総合学習の教育が、子どもの体験を操作してしまってはいけません。なぜなら、それによって体験は、子ども自身のイニシアティヴが生きている〝原初的体験〟ではなく、教育によって〝やらされた〟体験になってしまうからです。それは、体験の「質」を損なうことだ、と言ってもいいでしょう。

子どもたちの体験の持つ意味を、教育の論理や発想、理解の仕方から解放することが必要なのではないでしょか。教育がなすべきなのは、子どもたちがその感受性を伸びやかに発揮できるように寄り添うことと、子どもが得た体験を自分の中で「編集」するのを支援する（方法や方向などをサジェストする）ことではないかと思います。それには、〝もっぱら主導する〟教育それ自体が変わらなければならないのです。

2　与え教え、わからせ、やらせる教育

割り算の意味～学びへのいざない

公立高校の生徒たちに、「分数で割る割り算、例えば6割る2分の1の答えは、どうやって出す？」と質問すると、彼らは「ええっ?? そんなの常識じゃん!! 何を聞かれてんだろう?」という顔で、一瞬、固まったように沈黙します。「ヒックリカエシテ掛ける、だよね」と言われると、ホッとしたような顔になり、うなずきます。そこで「なぜ、ヒックリカエシテ掛ければ答えが出るの？ その答えが正しいかどうか、自分で確かめた?」と問いかけると、不意をつかれたようにポカンとしてしまいます。マルをもらえる答えが出れば、それで十分、余計なことは考えない態度にすっかり慣れきっているからです。

「6割る2分の1」という計算は、「2分の1」をひっくり返した「2」を「6」に掛けて答えを出します。答えを出すだけなら、この方法が早くて、正確で、テストでいい点を取るためには、最良の方法かもしれません。

しかし、テストで答えを出す以外に、いったい何の役に立つのでしょうか。とりあえず「正答」を出せるだけで、そこから知的な探索や冒険や思考が始まることはありません。つまり〝知的な行き止まり〟です。学校での学習は、〝知的な行き止まり〟だらけの「教えられて、習い→倣い→慣らう」一本道、ということなのです。

しかし、このように「なぜ?」と問い返すと、割り算や分数の意味、「1」ということの意味などを考えることになります。例えば、割り算は「1あたりの数」を求めることですから、何を「1」とするかが問われます。「6」を「2分の1」で割る計算の場合なら、「6」を「1つ」の入れ物とし、「2分の1」を「1」とした場合に、その1つの入れ物の中に「2分の1＝1」がいくつあるか、という数が答えとなります。「6」のうちの「1」の中に「2分の1」が2つずつあるから、2を掛ければ答えが出るわけです。「6割る3」なら、「3」を一くくりにして「1」とすれば、「6」という一つの入れ物の中にその一くくりの「1」がいくつあるか、を問うているわけです。

「5」を割る、または「5」で割るなら、「5」を「1」とした場合の数が問われていることになります。とすれば「1」は、指を一本立てて「はい、1ですね」というわけにはいきません。ソロバンの上の珠は、一個で「5」を示します。下の珠が5（4プラス1）になると、上の珠一個に置き換えます。一の位が10（9プラス1）になると、隣（十の位）の下の珠1つに置き換えます。

分数で言えば、分母と分子が同じ数になると「1」になりますが（3分の3とか5分の5）、それは三進法、五進法を示していることになります。だとすれば、10分の1は十進法の「1」ですし、2分の1は二進法でコンピューターに使われている位取り法です。60分の1や12分の1は……そう、時計にはこれが使われています。

しかし教育は、学校教育だけでなく、例えば時計の時と分を技法で読み取るように教えようとします。同じように分数で割る割り算は「ヒックリカエシテ掛ける」計算技法を教え、正解を出せれば「できた」ことにします。ところが、技法で正答を得て分かったつもりの子は計算の上滑りで終わって先に進めず、正答を出せない（技法になじめない）子は分からないままで終わり、ともにその「まなび」は躓いていることになります。知を、単なる操作技法の使い方に貶《おとし》めている、とも言えるでしょう。

計算の操作技法を覚えるだけでなく、割り算ということの意味などを具体的に考えていくと、算数（数学）の世界の奥行きの深さに出あうことになります。「ヒックリカエシテ掛ける」という分数で割る割り算の計算技法の向こう側に、多くの考え方や条件、本質や定義が隠れている、ということです。こうした「知」と「まなび」の楽しみ、おもしろさに、学ぶ人をどういざなっていくかは、「教え」の核心というべき課題であるはずです。

学校における学びとは、「教えられたこと」の向こう側に、学ぶものが自ら何を発見するか（気づくか）、ということです。それは、学ぶものが教育を（師を）越えるということです。「子どもたちが、教師である自分を乗り越えていってくれた」と、うれしそうに語る教員はかつて、けっして少なくはなかったはずです。

教育の主導〜教育が動機づけ、施し、組織し、評価する

今の社会は、「教育化」社会となっています。学校だけでなく、大人たちの子どもへのかかわり方・まなざし・見方などが、「教育化」しています。家庭も「教育の場」になり、教育としての子育てが行われます。地域の大人たちも、子どもへの非難は「教育が悪い」「どういう教育をしているのか」という親への注文として叫びますし、野球やサッカーのコーチたちは得々として「教育」や「指導」を振り回します。政治家たちも、彼らから見た不都合を、教育によって是正しようとします。それを、「教育過・渦・禍」と言ってみたりしていますが、そのいずれもが学校に持ち込まれます。

もしかすると「ひきこもり」には、そうした〝社会への不登校〟という側面があるかもしれません。教育化（過・渦・禍）への拒否であり、教育的なかかわり方・まなざし・見方への異議申し立てだと言ってもいいように思えます。放火により親や家族を死なせる事件が続けて起きましたが、事件を起こした少年たちが「消してしまいたかった」のは、現象としては目の前の親や家族であっても、ほんとうは大人たちの子どもへのかかわり方やまなざしや見方、それが支配的な社会なのではないか、という気がします。

子どもを「教育の対象」に閉じ込め、教育を振り回す、子どもに対する権力者たちがつくる社会への「叛乱」です。今、大人たちが子どもになすべきなのは、生活し仕事をする中で、大切なモノゴトを「伝える」ことの豊かさの再生ではないでしょうか。地域や生活の中では、「教える」ことより「伝える」ことがベースであり、生活やコミュニケーションを教育化してはならないのだ、と思います。

問題なのは、「教育したがり大人」たちなのです。学校では「指導力不足教員」「不適格教員」が問題にされ、「教師塾」がつくられたり、教員免許の更新制の導入が図られようとしたりしています。しかし、教育化（過・渦・禍）の状況を踏まえて考えると、問題なのはむしろ「教育ばっかり教員」であり「指導力〝過多〟教員」なのではないでしょうか。

それでは、ここで言われる「指導力」とは、いったい何でしょうか。これまで述べてきたような学校教育の状況から考えると、

「正解としての知識を、子どもに疑いを持たせずに、正解として受け入れさせ、身に付けさせる能力」とでも言えばいいでしょうか。または、

「学ぶものに対して教育の主導性（イニシアティヴ）を徹底的に保持し従わせる能力」

とも言えるかもしれません。

「教育が計画したように学ぶものの行為や精神を組織立てる能力」という言い方をすれば、子どもの学びや遊びなどの体験・経験までをも「組織立てて」やまない教育の担い手としての教員の能力や資質を、よく言い表していると言えるかもしれません。

「指導力」を教員に求める教育

今、各地で進んでいる教職員「評価」制度の評価項目を見ると、文部（教育）行政が求める教員の「指導力」や資質・能力の傾向が浮かび上がってきます。いくつかの「評価」制度の資料を見て取り出すことができる、教育行政が教員に求める資質・能力や指導力の「質」や内容として、

・教えられるべきことと決められた知識・技能を子どもに教えられたように受け止めさせる授業力、子どもたちを統制・統合できる子ども掌握力、といった技量

・教え与えるべきものとしての知識・技能（そして態度）を理解して、それを子どもに教え指導して分からせ身に付けさせ、教えられたことを教えられたとおりに「できる」ようにさせる力としての指導力・授業力

といったことが浮かび上がってきます。

子どもの学習を「教育の主導でコントロールし支配する力」、と言ってもいいでしょう。評価項目に「ない」資質や能力を探してみると、かえって、それがよく分かります。例えば、

・教育内容の理解のための幅広い認識力・批判力・問題把握力

・疑問を出し、問題を提起し、問い返す力

・子どもと互いに人と人としてコミュニケーションする能力や聴く力

・子どものニーズや知りたいこと・関心などを汲み上げ、自らの問題意識（問い）をくぐらせて授業に組み立てて展開する力（自主的な編成能力）
・子どもたちといっしょに遊んだり、子どもの話に耳を傾けたりする力
・同僚間の相互批判、対話・議論の能力
・学校運営・目標や計画・実践の内容や検討で疑問を出し、批判し、議論し、答えを見つけ出す力

などです。もちろん「権利（人権）を尊重し、権利の本質をつかんで教え、自らも権利を主張し行動できる」などという項目は、かけらも見当たりません。要するに、自主的に問題を把握し、考え判断し行動するような力は基本的に、教員に求められていないのです。これらの力は、総合的な学習で子どもたちに育てたい力ですが、それを求められていない教員がどうして、子どもたちにその力を育てることができるでしょうか。

このような「指導力」を教員に求める「教育」がどんな教育か、たやすく想像できるように思います。「教えられて、習い→倣い→慣らう」ように組織する教育と言ってきたのも、こうした教育を指しています。別な側面から言えば、「育てる」「学ばせる」「遊ばせる」「習わせる」～つまり「やらせる」「させる」ということばを、日常的に何の疑問もなく使うことに慣れきっている教育と教員です。子どもたちは能動態の主語であり、自ら「育つ」「学ぶ」「遊ぶ」「習う」主体としての人間存在なのです。

「学力」論とまなび

このような「指導力」を教員に求める「教育」が子どもたちに求める「学力」についても、簡単に触れておきます。じつは、本書は「学力」問題にあまり踏み込まないようにしながら書いてきました。それは、「学力」問題に踏み込むと、主体的・自律的な「まなび」を考える本筋から逸れてしまう恐れがある、と危惧したからです。

あらためて、「学びの論理と文化」研究委員会の二つの報告書を読みながら感じたことは、委員会の論議が「学力」論に規制され制約されて、けっきょく教育論に縛られていたのではないか、それゆえに各委員の執筆も存分に「まなび」を語りきれず不自由な文になっている、ということでした。

それは、委員会での論議が行われた同じ時期に、「低学力」批判によって始められた「学力」論争が盛り上がっていたためでもありました。「学力」論争の主舞台は、教育（学校教育）ですから、「学力」論に踏み込むと、議論は教育論になっていってしまいます。しかし、生活の中の総合的な活動である主体的・自律的な「まなび」の中で望まれる「力」は、おそらく教育論的な「学力」とは異なるのです。ですから、「まなび」を本質的に論じようとすれば、「学力」は主要な課題ではない、ということになります。

「学力」は、教育が与える（つくり出す）べき目標であり、その結果（成果）を測るモノサシであると言ったほうがよさそうです。教育システムは、目標と成果を示すことを必要とし、求められる社会制度的な活動だからです。しかし「まなび」にとって重要なのは、目標や結果ではなく、展開するプロセスそのものなのです。そのプロセスの中で、どのような力がどのように「はたらいた」かが大切であり、その「はたらいた」力が育って、身についていくということです。何かの力を育てたり開発したりするためではない、生活的で総合的な（ホリスティックな）活動が「まなび」なのです。

その「まなび」が教育と出あったとき、教育の側からの目標や評価（成果）として、そのプロセスの中ではたらく力を取り立てたものが「学力」ということでしょう。これまで体制的な教育は、その目標と成果によって、「まなび」の展開するプロセスをズタズタにし、総合性をバラバラにしてきたのではないでしょうか。本書で述べる、「まなび」をとおして育ってほしい「力」は、こうした意味でいわゆる「学力」とは意味が異なっていると考えたいと思います。

3　「読み・書き・算」のとらえ方、意味づけ

「聴く・話す・対話する」体験の不足のなかで

学校教育における「学力」を考えるとき、論議の中で大きなウエイトを占めたものの一つが「基礎・基本」でした。それをきちんと身につけてこそ、きちんと学ぶこともできる、とも言われます。とにかく学校では基礎・基本をしっかりと身に付けさせてくれ、という保護者や社会からの要求も、よく耳にします。それに対応して、「確かな学力」の保障などということも言われました。

この基礎・基本の代表のように言われるのが「読み・書き・算」です。漢字が書けない・読めない、計算力が足りないといって、すぐにドリルを取り入れたりする動きもありました。しかし、「読み・書き」を学ぶための基礎は、子どもたちがたっぷりと「聴く」体験を持って言語の文化と出あい、話せるようになり、対話できるようになるという、生活の中の言語体験ではないでしょうか。

例えば、子どもたちが書く作文も、いきなり書き言葉で始まるのではなく、「先生、あのね」というように、まず話し言葉を書き留めることから始まります。「読み・書き」を基層とする学校文化の中で子どもたちは、書き言葉という新しい文化に出あうのです。対話や会話から、「話し言葉の文字化」という過程をわたって、子どもたちは「書き言葉」という新しい文化に出あい、獲得していくのです。だから、「聴く・話す・対話する」という力は、書くこと・作文の「基礎・基本」ということになります。だとすれば、本の読み聞かせには、この二つの文化を橋渡ししているという意味がある、と言えます。本の音読には、声に出す（音声化する）ことで書き言葉と話し言葉をつないでいる、という意味があると言うことができます。

生活の中のさまざまな言語体験を積み重ねて、文字や文章への関心が育ち、読み・書きを学ぼうという意欲もはぐくまれるのです。こうした過程を大切にしないと、内実の乏しい読み・書きになり、上っ面をなで回すだけの読み書きになるでしょう。それは、単なる技法だけの読み書きで、それによって自分自身や自らがかかわる社会や環境（世界）を知るための読み・書きにはならない、ということです。

ところが、この聴く・聴いてもらう、話す・話しかけられる、そして対話する、という体験が不足しているのではないか、と心配しなければならない現実があります。そうした体験は生活の中で当たり前に準備されている、という暗黙の前提は、成り立たなくなってきているのです。

特に、自分の話をじっくりと聴いてもらい、その話にしっかりと応えてもらう、という体験の不足があります。この不足は、ともに遊ぶ・学ぶといった人間関係づくりにも影響します。こうした状況を踏まえて、聴く・話す・対話する力を「基礎・基本」ととらえ、言葉の教育・スピーチ活動の充実、「聴く」ことを大切にした学習活動に取り組んでいる小学校もあります。

こうした取り組みは、目の前にいる子どもたちの現実からスタートしています。まず既定のものとしての「基礎・基本」や「読み・書き・算」があって、それをマスターさせる取り組み（教育実践）への見直しがあるのです。みとめ合う力・みがき合う力・学習を通して身につける力を三位一体として「基礎・基本の力」ととらえるという、実践の中から独自の「基礎・基本」観を考えた教職員集団もあります。

生活知を蓄える「基礎・基本」

さらに「基礎・基本」の見直しを深めると、人間の知が成り立つ土壌としての「センス・オブ・ワンダー」にたどり着くかもしれません。伐り出した木材の使い方ばかりを洗練させるような「基礎・基本」ではなく、その木々が芽吹き育つ森を知り、それを踏まえて木材の使い方も考えられるような「基礎・基本」です。それは、人間が生物学的な生命力を取り戻し、ヒトとして生きつづけるための生活知を蓄えるような「基礎・基本」に目を向けよう、ということです。「学びの論理と文化」を問うということは、こうしたことを意味してもいます。

こうした観点から「基礎・基本」を言えば、

「メッセージを受け取る力」（書物や論文だけでなく、日々の新聞、雑誌、講演会、授業、友人たちとの会話はもとより、動物や植物、林や森や山や川、海や大空などの自然が発している多様なメッセージを受け止めること）、

「ヒトとして生きていく力」（人間が生物学的な生命力を取り戻し、ヒトとして生きつづけるための生活知を蓄えること）、

「人と人との関係をつくる力」（個性がさまざまな多くの人たちが、地域や国を越えてつながり合えるとともに、その基礎としてあらゆる生きものがつながり合っている「生き物の世界」という認識を持つ）

といった取り上げ方もできます。ここには、人間的な生き方を問うという、知のあり方や方向性への問いかけが込められています。それは、あまりにも人工化した生活環境の中で育つ、科学・技術がつくり出した利便性を当然と見なすような「知」のあり方・方向性への異議申し立ての意味もあります。

目の前の子どもたちの実態や必要をきちんと読み取り、踏まえて、「今、ここ」で生きている子どもたちのために必要な基礎・基本とは何なのか、を考え、つくり出していくことが求められている、と思うのです。それには、「基礎・基本」とか「読み・書き・算」とかを、既存の枠組み、発想のまま、当たり前のこととして、それを覚えさせる、身に付けさせるという教育を、根本的に変えることが必要だ、と考えます。

郵 便 は が き

お手数ですが切手をお貼り下さい。

102-0072
東京都千代田区飯田橋3-2-5
㈱ 現 代 書 館
「読者通信」係行

ご購入ありがとうございました。今後の刊行計画の参考とさせていただきますので、ご記入のうえご投函ください。なお、ご記入いただいたデータは、小社での出版及びご案内の発送資料以外には絶対、使用致しません。

お名前《ふりがな》	年齢 女　男
ご住所　都道府県　市区郡町 〒　TEL　FAX	
ご職業（または学校・学年をくわしくお書き下さい）	E-mail.
ご購読の新聞・雑誌	

□ご注文申込書（小社刊行物のご注文にご利用ください。その際、書店名を必ずご記入ください。）

書名　冊	書名　冊
書名　冊	書名　冊

ご指定書店名	住所　都道府県　市区郡町

■図書目録ご希望の方は御記入下さい。	■新刊DMのご希望　□ある　□ない ■このカードを送ったこと　□ある　□ない

書名	

●本書のご感想をお書きください。

●以下のアンケートへのご記入をお願いします。

① 本書をお買い求めになった書店名（　　　　　　　　　　）

② 本書を何でお知りになりましたか

1．新聞·雑誌広告（　　　　　　）2．書評（　　　　　　）

3．人に勧められて　4．小社のDM　5．実物を書店で見て

6．その他（　　　　　　　　　　）

③ 本書をお買い求めになった動機

1．テーマに興味　2．著者に興味　3．資料として　4．広告を見て

5．書評·記事を読んで　6．タイトルに興味　7．帯のコピーに興味

8．その他（　　　　　　　　　　）

④ 本書の定価はどうですか

1．高すぎる　2．高い　3．適切　4．安い　5．気にとめなかった

⑤ 本書の装幀はどうですか

1．とても良い　2．良い　3．普通　4．悪い　5．気にとめなかった

⑥ 本書のタイトルはどうですか

1．とても良い　2．良い　3．普通　4．悪い　5．何ともいえない

⑦ 本書をお読みになって

1．むずかしい　2．普通　3．やさしい

4．おもしろい　5．参考になった　6．つまらない

⑧ 今後お読みになりたい企画がありましたらお聞かせ下さい。

4　総合学習の意味と役割と可能性

先生もいっしょに学びながら取り組む

「総合的な学習」（総合学習）は、参加型・体験型・獲得型の学びの場として設定され実施されました。「学びの論理と文化」研究委員会は、この総合学習を基本的に支持し、できるかぎり充実したものにしていくべきだと考えました。学校における学びのありようを、そして教育のありようをも変えていく糸口があると期待するからです。こうした総合学習の可能性については、すでに述べてきました。

しかし、こうした可能性や期待の実現には、多くの困難が予想されます。人や予算などの手当てを欠いた現場への丸投げ的な実情があり、総合学習への否定的な見解も少なくない現実もあります。さらに、いわば教育の体質とも言える困難点もあります。総合学習に評価（評定）を取り入れようという動きもあります。

体験学習が大切なことは明白なことですが、教職員が立てた目標とプログラムに則って展開する総合学習の授業のように、その体験が教職員主導のいわば「やらせ」になってしまえば、子どもたちの主体的・自律的な学びにはつながりません。それでは、総合学習のプロセスに子どもたちが自ら参加できず、それゆえ自らの体験にならず、自分で獲得したという実感を持てない、受け身の授業になってしまいます。

教職員の狙いや計画では「失敗」となることが、豊かな展開を生み出すきっかけになったり、総合のテーマがなかなか決まらずに調べたり議論したりしたことが面白い結果を招いたりすることもあります。教職員の狙いや計画、目標やプログラムどおりに進まないほうが、むしろ豊かな結果がもたらされるのではないか、という意見もあります。

もちろん、子どもたちに丸投げをしていいわけはありません。教職員は、学ぶ内容とプロセスについての見通しと洞察、支援やアドバイスの手立てなどについて、的確な判断とセンス、視点の多様さと視野の広さを求められます。

しかし、総合学習の実践における教職員の「役割」は、けっして明白に分かっているわけではありません。従来の授業の延長ではないからですが、それゆえに総合学習の実践の中でつくり出していかねばならない部分も多いように思われます。教職員も「学びながら」取り組むのが総合学習だ、ということです。「先生もいっしょに学んでいる」ことは、子どもたちにとっての喜びであり励みでもあるのです。

総合学習が子どもたちにとって豊かであるためには、教職員の側が豊かに学んでいることが、決定的な必要条件です。教職員が、ただ「教える」ためだけではなく、広い興味と深い関心をもって自分自身を育てていること、人間が学んで自分を広げ高めつつ生きている存在であると身をもって示していることが、きわめて重要だからです。それは当然に、教職員の精神の自由と自主的な研修の自由をも要請します。

地域を育てる

総合学習は、地域に根づいた学びの場としての学校を再構築する試み、という意味も持っています。主体的・自律的な「まなび」は、けっして抽象的な行為ではなく、「場」と切り離せません。その主要な「場」としての「地域」を再発見しつつ、「地域」を学ぶ活動として、総合学習の取り組みが持つ意味です。こうした地域に根ざした総合学習の取り組みは、各地に広がりつつあり、その質も高まってきているようです。

学校は、日本中のどこでも通用するような「標準的な学力」を養成する場であればいいというのなら、それなりの合理性もあると言えます。しかし、そういう「学力」は、子どもたちの「今」と「ここ」、彼らの生活現実との相互交渉を通すことなしには、生きてはたらく学力にはなり得ないと、兵庫県の山村の教員だった東井義雄は言っています（『村を育てる学力』一九五七年、明治図書）。日本の学校が育ててきたのは、「村を捨てる学力」だった、と言うのです。「地域を捨てる」学力、と言うことです。

「地域」は、学校で習う知識と生活の中で得る知識を統合していく活動の「場」でもあります。こうした活動として総合学習をとらえれば、子どもや地域の大人たちが主体となる教育を取り戻していく契機にもなります。子どもたちが学ぶ場は、学校施設の中だけではなく、地域全体が「屋根のない学校」（三重県藤原町＝現員弁《いなべ》市）になり、学校が「小さな〝まち〟としての学校」（新潟県聖籠町）になり、大人たちが子どもたちとともに学び、考える場へとつながっていきます。

変化の激しい時代だからこそ、地域の記憶を共有し、地域の意味をともに考え、見つめなおし、再生していく学びと学びの場が求められ、広がりつつあります。総合学習がそうした活動とリンクしながら、まちづくりに参加していくこともできます。

また、生活と科学、直接的な体験知と概念的・論理的な知、ミクロな知とマクロな知、総合的な知と専門化・分割化した知とをつないでいく土台も、地域にあると言えます。例えば理科学習の授業改革においても、地域学習は大きな糸口になっていることが、全国教研の理科教育分科会のリポートと論議は示しています。第五二次全国教研の理科教育分科会総括討論では、「地域に目が開いたとき教員は教員になる」と提起されています。

これは、理科教育だけの課題ではありません。総合学習と教科学習とのかかわり、教科学習と地域テーマとのつながり、といった課題でもあります。

総合学習と地域。それは、地域と学校の連携、地域の学校づくりという課題、さらには「まちづくり」「地域づくり」という課題につながります。テーマとしての地域、学びの場として地域、地域の市民の学校教育への参画、地域市民としての子どもたち、ということです。

教職員はコーディネーターとしての役割を果たしながら、地域の市民とともに、地域の教育力をどう掘り起こし活かしていくか、市民の学びと教員・子どもの学びをどう結び付けていくか、ということに取り組んでいくことになります。それは、総合学習と地域の結びつきがもつ魅力でもあります。

Ⅲ 「まなび」に対する「おしえ」の意味と位置と役割

1 自ら学びながら生きていくプロセスへの援助《ケア》

子どもが「いま」「分かっている」地点から

「江戸っ子たちは、子供が片手（五歳）になれば転んでも手を貸さなかったといいます。一日も早い自立を願い応援していたからです。子供たちは、分からないことは自分から積極的に師匠や両親、世間の大人、兄、姉に聞き、あるいは見習い、見取り、見よう見まねで学びました」（越川禮子「江戸しぐさ」二〇〇六年六月十四日付『朝日新聞』夕刊）。

数えの五歳ですから、今で言えば「幼稚園に入ったら」の頃です。こういう習慣が身についていたので、誰かが転んでも、周りの人はじっと見守り、自力で起き上がれないと分かると、すぐに、何はさておいても手を差し伸べたのだそうです。それで「さしのべしぐさ」と呼んだといいます。この反対として忌み嫌われたのが「威張る」しぐさ。「そもそも人を従わせる勢い（つまり威）がないのにえらそうにみせる尊大なしぐさ」で、周りを不愉快にするしぐさ、とされました。

「転んでも」を「知らない」「分からない」に置き換えてみると、「自分で起き上がる」が「自分から積極的に……聞き、見習い、見取り、見よう見まねで学んだ」になります。そうすると、今の学校にとって、または教職員にとって、この「さしのべしぐさ」は、とっても大切で必要なもの、という気がします（もちろん、家庭や地域、親や大人たちもですが）。しっかりと自力の状態を「見守り」、手を差し伸べるべき必要やタイミングを見定め、いわば「押し付け手助け」をして自立の邪魔をするようなことはけっしてしない、ということですから。

例えば、分数で割る割り算で、「ヒックリカエシテ掛ける」計算技法を知って、すばやく正解を出せるけれど、それで「分かった」「（自分は）できる」と思ってしまっている子に、どのよう対応すべきかを、この「さしのべしぐさ」流で考えると、どうなるでしょうか。この子は、つまり「転んで」いるわけですが、そう見る人はいないかもしれません。転んでいると見ても、「それじゃ、ダメだよ」と否定的にかかわれば、「威張る」しぐさになってしまうでしょう。

正解を出せるだけの計算技法でも、塾で教わってきた受験知識であっても、ともかくその知識は、その子が獲得してきた知識ですから、「そうか、よく覚えて計算できたね」と肯定し、「じゃあ、本当に正解かどうか、確かめてみよう。どうやれば、確かめられるかなあ」と投げかけてみてもいいのです。それは、どこかで習ってきたことを自分なりに検証するという、学びのプロセスへの誘いです。子どもが「今」立っている「ここ」からスタートするということです。

学校教育はとかく、「分かっている」教員が、「分かっていない」子どもに教え指導して、「分からせて」「教えたようにやらせる」という仕組みになっています。言い換えれば、「分かっていない」子どもが「分かっている」教員の下に集まり、「教えられ」て「分かる」ようになったら「評価」される、という仕組みです。この仕組みはじつは、塾の広がりや情報化の進展で、すでに実質的には崩壊しているのですが、まだ形は残されているのです。「分かっていない」のが子どもたちの「今」と「ここ」と見做される、ということです。

しかし、現実に子どもたち個々が立っている「今」と「ここ」を大切にし、子どもたち個々が今「分かっている」ことを出発点にしてこそ、子どもの主体的・自律的な「まなび」を生かした教育（教え）になるのではないでしょうか。「分かっている」者が「分かっている」立場から、「分かっていない」子どもに真理や本質を「教えてやる」のではなく、子どもが「分かっている」ところまで教える側が出かけていく、という「教え」のスタイルです。

教員の中には、子どもたちに「真理」や「真実」を教えてやるのが仕事だ、と信じている人も少なくありません。でも、真理や真実は学ぶものが自分の足で一歩一歩近づいて、自らつかみとるべきものです。その一歩一歩に、ともに歩きながらどんなケアを提供できるかが、教職員の仕事だと思います。ともに真理や真実を求めて歩く同行者としての仕事なのです。

塾や情報化社会などないとしても、子どもたちはたくさんのことを「分かって」、教える者の前にいるのです。だとすれば、子どもたち一人ひとりに即した教育とは、子どもたちの「今」「分かっている」「ここ」にどう向きあい、「今」を未来につなげ、「分かっている」ことを問い返し、その質を高め、「ここ」をより多様な「ここ」と出あえるようにすることではないか、と考えるのです。こういう教育にこそ、「希望」はあるのではないでしょうか。

「まなぶ」力は「生きる」力

人は、学ぶことで自らを人（人間）として形成します。あの「オオカミに育てられた少女」は、その学ぶ力によって自らをオオカミとして形成し、ついに人としての形成のし直しはうまくできなかったのです。ですから、学ぶ力は人として生きるために不可欠の力であるとともに、「人として」自己形成できる「学びの環境」がきわめて大切なのです。

人として自らを形成する、というとき、周囲の人たちやモノゴトとのかかわりの中で見習って取り入れていくことともに、自らの中の「人である」ことに〈気づいていく〉ということの、二つのはたらきがあります。言い換えれば、外に向けての学びと、自己の内側に向けての学びで、自らに問い返すとか内省するというはたらきでもあります。

この二つのサイクルがつながりあって、生きる力としての学びは成り立っていきます。学ぶということは、外側にある何かを自己の中に取り入れることと考えがちですが、取り入れたモノゴトをいわば編集して「自己化」したり、知識に対する自分の姿勢・スタイル（知性）を立てていったりする、自己の内側に向いた重要な過程があるわけです。

この二つのサイクルがつながって、はたらくことによって、学んでいる主体としての「自分」が自覚されていきます。学んでいる「わたし」の形成と成長です。外側の「学ぶ環境」が悪いと、内側に向いた学びへの負荷や阻害などの条件がきつくなり、編集しないまま「自己化」することにもなります。それは、学び全体が荒れたり雑になったりすることや、学ぶ意欲を阻喪することの要因ともなります。

「学びて思わざれば則ち罔《くら》し」ということわざがあります。「いくら学んでも、自分なりにじっくり考えてみなければ、ほんとうの理解にはつながらない」という意味（『故事ことわざ辞典』学研）ですが、「学びて」「思う」という二つのサイクルがリンクしてはたらかないと、ほんとうの「知の灯」はともらない、ということです。

外に向けて反応することばかりを強いられると、いわば外壁ばかりが塗り固められて、りっぱな建物ができたように見えたりしますが、内側は鉄筋が不足したりコンクリートに空洞があったりして、いわば〝耐震偽装建築〟

のようになります。自己が定まらない、見えないという〝不安定な建物〟としての自分です。だから、外向き対応ばかりを強いられると、子どもは自分がなくなっていく（壊れていく）不安に襲われても、おかしくはありません。学びが生きる力として機能しない状態は、人間として生きることへの危機だとも言えるからです。

学校教育型または教育的な子どもへの対応は、しばしば子どもを、こうした状態に追い込んできたのではないでしょうか。学校教育は、どの知識・技能を知的な価値のあるものとするか（何が学ぶべき価値のある知識・技能か）の決定権を占有し、それに従って教育課程を編成し、与え施し指導して、教えたとおりに受け取ることを要求してきました。外に向けたサイクルに偏った学習への教育指導です。

これは子どもたちに、自分にとって何が大切か、なぜ大切かを考え判断することを許さないし、自己の「知性」（知識に対する自分の姿勢・スタイル）を立てることをできなくさせます。とくに、ただ一つの正解を与えて丸覚えさせて、それを蓄え必要に応じて使うことを「させる」教育は、その代表ではないでしょうか。「正解」とは、学校教育が価値あるものと決めた知識・技術の表現の形なのですから。

そうした教育でつけた「受験学力」とは、いわば耐震偽装建築のような力で、生きる力にはならないし、「村を捨てる学力」も、地に足をつけた生き方を支える力にはなりません。学校教育が価値を決めて与え施す知識・技術の「価値」そのものに、子どもたちは体感的にか、鋭い感性でか、何やら怪しさを感じとり、学習からの「逃走」や「意欲の低下」などとして抵抗しだしている、と言えるようにも思います。

学びの「質」を高める

急速に自己形成しつつ、自分は自分だと知っていく子どもたちは、〝学びの激動期〟を生きている、と言ってもいいでしょう。それだけに、子どもたちの学ぶ活動を保障し励まし支援すること、つまり学びの「ケア」は、生きること（生存権）のケアと考え、最重要事として取り組む必要があります。このケアは、学んでただ知識を獲得できるようにすればいいのではなく、学ぶというプロセスの中で、学ぶ力をも育て広げつつ、より豊かに学ぶための学び方を習得し、学びそのものの「質」をも高めていくことにつながるものでなければなりません。

例えば、「読み・書き」の土台となる「聴く・話す・対話する」という生活的な体験の大事さについて述べました。「聴く」という行為は、「見る」という行為と比べても、より多くの集中力や分析力、形象力などの力（つまり編集力）を必要とし、主体的・自律的な「まなび」のプロセスに大きく影響するのです。

「聴く」という行為は、その聴き方（取材力につながる）や集中力の如何によって、対象から引き出せる内容には雲泥の差がつきます。聴き取ったことをどう整理し分析するかによって、評価や選択がちがってきます。さらに、どれだけ想像力や推定力が働き、形象化（図像化・イメージ化）または抽象化（概念化・観念化）できるかで、見渡せる幅や奥行きが大きく変わります。感動したり憤ったりすることも大切な「聴き方」の一つですが、それにはそうした感性的な体験が豊かであることが必要です。

こういうプロセスをとおって、聴いて・自分の見解・意見をまとめ、発表・主張し、論議・対話ができるのです。論議・対話を豊かにできるかどうかも、相手の話を聴く力に左右されます。

「聴くことを大切にする」ということは、ただ耳をそばだてさせることではなく、学ぶものの中のこうした「知的なプロセス」を大切にすることです。実際、授業者をしっかりと見てじっと聞いていた子が、ほとんど何も分かっていなかったり、逆に授業者の話にもっとも的確に反応したのはずっと窓の外を見ていた子だったり、ということがあります。「知的プロセス」を大事にされていれば、学ぶ側は自分の「学ぶ力」をも育てつつ自ら学ぶのです。

教育を「受ける権利」でなく「学ぶ権利」の保障

子どもの学ぶ権利・教育権の保障も、生存権の保障としての意味を持ちます。それと同時に、「市民として」生きる権利の保障でもあります。

国連・子どもの権利条約の第二九条は「教育への権利」をRIGHT TO EDUCATIONと表記しています。世界人権宣言（一九四八年）ではTHE RIGHT TO EDUCATIONなのですが、児童の権利宣言（一九五九年）ではTHE CHILD IS ENTITLED TO RECEIVE EDUCATIONでした。それが権利条約では、「TO RECEIVE」が取り除かれ、大人と同じ表記になったのです。教育権において、大人と子どもの差別がなくされ、教育に対する子どもの主権者としての権利が明確にされた、ということです。

権利条約の国による翻訳では「教育を受ける権利」と訳されていますが、意図的な誤訳というべきです。「TO RECEIVE」が取り除かれたのは、重要な意味があることなのです。憲法の「教育を受ける権利」も通常は、学習権として理解されていますが、「文字どおり与えられた教育を受け取る権利である」という判決もあります。「教育を受ける」権利ではなく、教育を「受ける権利」という解釈です。しかし子どもの権利条約の批准により、「受ける権利」という解釈は許されなくなった、というべきです。

学校は、「TO RECEIVE」を取り除いた「RIGHT TO EDUCATION」に、きちんと対応できる教育に変革していく責任があると言えます。しかも権利条約は、意見表明権、表現・情報の自由、思想・良心・宗教の自由、結社・集会の自由、プライバシイ・通信・名誉の保護、マスメディアへのアクセスといった権利を、子どもの権利として保障しているのです。これは、子どもを大人と変わらない「一個の人間」、市民として見ることを求めるものです。

自ら学び取る「独学力＝自学の力」

「学びの論理と文化」研究委員会の最終報告に、詩人の石垣りんさんのお話を紹介しています。石垣さんは、小学校で学び方や学ぶ力を身につけることができた、それで上の学校には進学せずに社会に出て働くことにした、というご自身の体験を語っておられます。石垣さんのお話には、学校で何を学ぶのかという、根本的な内容がこめられているように思います。〝教育は、学ぶ者に「学び取られる」ことによってこそ、よりよく機能し活かされる〟ということです。

（＊なお、石垣さんのお話の中に出てくる「独学力」ということばは、電話でのおしゃべりの中で石垣さんがふと使われたもので、石垣さんご自身は「覚えていない」と言っておられました。ことばの推敲に命を削るような詩作を続けてこられた石垣さんには、ご自分が発したことばとして納得がいかなかったのだと思います。しかし、「私がそう言ったのなら」と、報告書で紹介することを許してくださいました。改めて感謝のことばを添えて、ここに採録します。石垣さんは「私が、ささやかに生きていくための力になった」ということを言いたかった、と話しておられました。）

石垣さんは、電話での会話で、

「私は、小学校しか出ていない。（進学できなかったわけではないが）学校で〝独学力〟を付けてもらっていたので、さらに教えてもらわなくてもよい、と考えたからでした」

と、言われました。会話中のメモによる要旨です。また、小学校のときの担任について、できない子をおいてけぼりにせず、懇切に教え、読み・書きのたのしさを教えてくれた、とも語り、こんなエピソードを紹介してくれました。

担任は、綴り方にも熱心で、石垣さんが四年生のときに書いた「人間が悲しい」「（どこを歩くことができたとしても）自分の中を歩くことはできない」といった、ふつうなら子どもらしくないと言われそうな作文に対しても、それを認め、褒めてくれたそうです。「芽を挫《くじ》くようなことはなかった」と、石垣さんは話しました。おそらく、そうした学びの中で、「詩人・石垣りん」の土台がつくられていったのではないでしょうか。

この「独学力」ということばに、石垣さんというすてきな詩人の生き方を重ねたのは、聞いた側の勝手なのでした。でも、「精神の在り場所も／ハタから表札をかけられてはならない／石垣りん／それでよい。」（「表札」『石垣りん詩集　表札など』童話屋、より）という、石垣さんの生き方の芯（基本）が感じられ、印象に残ったのです。「自分の表札は自分でかける」ということが、自ら学び自己形成しつつ生きることであり、「表札」とは「自分らしく生きる自分」そのものだと思うのです。石垣さんは終生、ういういしく学び、みずみずしい精神をもち、いきいきと自分らしく自分を生きた人だと思います。

この石垣さんのお話から、学びについて考えさせられることが、たくさんあるのではないでしょうか。「独学力」は、例えば「自学力」もしくは「自知力」「自歩力」などと言い換えたほうがいいのかもしれませんが、ここでは「独学力」を使っています。

まず、この「独学力」は、学校の教育から与えられたものではなく、学校教育という場で石垣さん自らが学び取った力だ、と理解したいのです。読み・書き・算ということも含めて、「学び方を学び取った」というとらえ方です。主体は、学び取った石垣さんご自身です。例えれば、読み・書き・算などの教えてもらった知識・技術のそれぞれを〝部品〟として組み込んで、自分の「学び方」という〝車〟をつくり上げた、ということです。自らの学びの道を走るための自分の足としての〝車〟です。

読み・書き・算の力も、ただ教えられ与えられ覚えただけのもの（つまり、それでは〝部品〟として利用できない）なら、利用できるようにする（ということは、それらを自ら学んだ知識に組み替える）のに、大変な自覚と努力を要するに違いないのです。石垣さんが身をおいた学校教育（というより担任教員の教育）はおそらく、石垣さんに過度の負荷を課さないものとしてあったのではないでしょうか。

だから、教えられたことをも、自ら学び取りつつ、その過程で学び方をも獲得し、「独学力を付けてもらった」と言えたのです。そういう意味では、「独学力」というよりも、「自分の足で歩いていける力」（自歩力）と言ったほうが、石垣さんの意に沿うのかもしれません。

「教えられる」存在から「学びとる」存在へ

「（独学力を）付けてもらった」と言えるのは、教育のありようが「学び取らせてくれる」ものであったから、と言えるように思います。学校教育がなすべきことは、学び方を身に付けられるように、言い換えれば自ら学びながら生きていけるように、援助しケアすることだ、ということです。自らの「問い」を持ち、批判や疑問を持って自問自答し、筋道や論理を考え、自分なりの答え（意見や主張）を紡いで判断し選択し、本質や真理に自分の足で近づいていこうとする、そういう学び方や学ぶ力が育つことのできる教育です。

石垣さんのお話を自分でつくった〝車〟に例えましたが、「学ぶ」ということはもともと、自分の足で歩くよりほかにないのです。教育という乗り物は、駕籠から飛行機や新幹線や自動車に進化しましたが、それに乗れば目的地まで能率よく速く運んでくれます。しかし乗ってしまうと、沿線の文物や自然や人の営みなどに目をやり、気になったものに近寄ってみたり、かかわってみたりすることはできません。しようとすれば、途中下車するしかありません。無理に飛び降りれば、死んでしまいかねません。それが登校拒否の痛みではないでしょうか。

一方、自分の足で歩く旅では、方向や目的を見失ったり、森の中に迷い込んだり、狭い所に引き込まれたり、旅の意味が分からなくなったりと、さまざまな躓《つまず》きがあります。そのために、道しるべや地図や案内書などがありますし、そばにいる人が案内してくれたり相談に乗ってくれたりすることもあります。教育や学校または教職員とは、こうした案内や相談などの組織された場・機能としての役割を持っているような気がします。

「唯一の正解」を「与えられ教えられ」て、覚えて貯め込むばかりの、これまでの学校教育の一般的なありようでは、自ら学ぶ力や学び方は、そして学び自体も、衰えていかざるを得ないでしょう。いわば「学びて思わざれば則ち罔し」になっていく、ということです。そこでは逆に、「教えられ」方が身に付いてしまうばかりで、まるで撒かれるエサに口を開けて集まる池のコイのように、唯一の正解が与えられるのを口を開けて待っている姿勢・体質になってしまうのです。

学校はこれでは、子どもたちを集めてコイのように飼い慣らす池、ということになります。権力者たちにはおそらく〝理想の学校〟のありようでしょうが、子どもたちにとっては不自由で狭い〝命を削るような池〟でしょう。そういう池の管理人になれと、教育（文部）行政の政策は、教職員に命じているような気がします。

こうした池にいると、しだいに「教えられ上手の学び下手」になっていきます。それは、自分がダメになっていくことです。それに気づいたり、何となく感じたりする子は、この池から脱出して、自由に泳ぎたいと願っても当然ではないでしょうか。「学習からの逃走」とか「学習意欲の喪失」と言われる現象は、こういう池としての教育指導優位の学校での学習にかかわってのことだ、と重ねて言っておきたいと思います。

2　見えないものを見えるようにする～意味・法則・観念・学び方など

何を・なぜ・どう書くか

国立教育政策研究所は、全国の小学四年生から中学三年生約三万七千人を対象に、国語と算数・数学の「特定課題調査」を初めて実施し、その結果を公表しました。「難点として浮かび上がったのは、論理的に考えたり、筋道立てて考えを表現したりする力。答えは出せても、そこに至る過程を説明できない傾向もあり、研究所は『国数ともに、文章をもっと書かせる指導が必要』と指摘している」(二〇〇六年七月十五日付『朝日新聞』)そうです。

文章を「もっと書かせられる」こと自体もつらいことですが、自分の中に書きたいモチーフやテーマもなく、それゆえに文章への構想が膨らむこともなく、ただ文章を「書かせられる」のは、かなりの苦行です。感想文の作文であれ説明文の作文であれ、何を・なぜ・どう書くか(いろいろな方の指摘で「なぜ」が抜けることが多いのですが、「なぜ」が大切です)という、問い返し(学び)のプロセスが欠けていると、ただ「書かされた」だけになり、作文嫌いにもさせます。

作文嫌いとは、学校作文が嫌いということで、「文を書く」ことそのものが嫌いなわけではないはずです。自分の意思や気持ち、思いに反したことを書かされて、教員の意に反することを書くと赤ペンでズタズタに直される、そういう学校作文が嫌いなのです。運動会や遠足などの感想作文で、「つまらなかった」と書くと、教員から楽しいことも何かあったろうと言われ、何度も書き直しをさせられ、作文が嫌いになった、という話はよく聞きます。教員に書き直されて、「確かに文は整ったけれど、自分の文ではなくなって、悔しかった」という思い出は、けっして少なくありません。

自分が「書きたい」モチーフやテーマがあってこそ、自分の主張やその根拠・理由、筋立てや論理、想像や類推、文の構成などへの発想も広がるのです。感想文でも論理的な説明文でも、それは同じです。ですから、感想文でも論理的考え方や筋立てなどの力が育つような作文指導はできるはずであり、論理的な説明文をただたくさん「書かせて」指導すればいいわけではありません。

「見える」ことから「見えない」ことへの飛躍

ところで、ここに出てくる論理や筋立て、モチーフやテーマ、過程、根拠といったことは、五感（見る・聞く・嗅ぐ・舌感・触覚）ですぐに取り出せたり分かったりするものではありません。モチーフを直感で感じとる、などということもないわけではありませんが、基本的には「見えない」ものなのです。生活的な学び（まねび、ならう、見よう見まねなど）は、五感（つまり「見える」もの）に多く依存しますから、想像やイメージ、連想や類推や推定、仮定や類例、疑問や反問などを「跳躍台」にして「飛躍」しなければ、論理や筋立て、意味や意図、法則や構造、観念や抽象的概念などにたどり着くことはできません。

文章を書くことで論理や筋立てなどの力を付ける、ということは、「書く」という行為に含まれている、このような跳躍・飛躍のプロセスを大切にしてこそ可能になることです。作文嫌いを生み出す学校教育の作文指導は、こうしたプロセスを大事にしていないので、ただただ〝文字の連なり〟を書いている（書かされている）ことになるのです。

言い換えれば、子どもたちを五感で這い回らせてしまい、例えば「なぜ、つまらなかったのか（楽しかったのか）」という問い返しなどもさせずに、跳躍・飛躍をさせないように規制することになるのです。教えるべき内容からはみ出して「飛躍」することを、学校教育は嫌っているのかもしれません。

作文嫌いを生み出す学校作文では、「つまらなかった」「楽しかった」などの感じたことすら大切にされていないわけですが、この「感じたこと」を大切にする姿勢は、きわめて大事なことです。その感じたことから、なぜ、つまらなかったの？　つまらなかったのは例えばなぁに？　どうすれば、よかったのかなぁ？　あなたが思い浮かべる楽しさは？　などと問いかけることで、想像や仮定や疑問などにつなげ、さらに論理や理屈や観念的思考などに橋を架けていくことができるのではないでしょうか。

教育とは、学びの「跳躍台」なのです。「見える」ことから「見えない」ことへと渡る「架け橋」なのです。

学びを豊かにする教え（教育）

感じたことや生活的な経験によって収集獲得されたものは、それだけでは、まだ意味づけされていない情報のかたまりでしかありません。それが知的な財産となるためには、再分節化（一度バラバラにして並べ替える）や意味づけ、相対化や客観化、批判と選択などの編集の過程を経ることが必要です。この編集の過程は、学ぶプロセスと重なりあいます。それを実現していくためには、自らの豊かな学ぶ力とともに、相談に乗り、示唆したり助言したりして、ともに学んでくれる存在が必要です。方法や方向や段取り、視点や視角や視野、大きな目標や広い世界、さまざまな経験や事例などの提供や提示をしてくれる存在です。

これが、学ぶ側が求める、または必要とする教え（教育）です。学ぶ側から言えば、学びを豊かにするためにこそ教えや教える人があるのです。学ぶものにとって、優れた教育や師と出あえることは、学びを豊かなものにするための、きわめて重要な条件なのです。

学びの旅に出て、自分の足で歩きながら、優れた師とその教えに出あい、自分が歩いている方向や歩き方が正しいかを確かめ、自分が抱えた問い（疑問や難問）を解決する手掛かりや方法に気づいたり発見したりし、さらなる課題に導かれたり突きつけられたりもします。そして、その師もまた、自分の足で歩いて学ぶ人なのです。

このような師や教えとの出あいがないと、狭い生活的な経験を這い回ることになります。「井の中の蛙、大海を知らず」です。門前の小僧も「習わぬ経を読む」ものの、経の意味を知ることは簡単にはできません。学びが「我流」に閉ざされてしまうのです。

「見えない」ものを「見える」ようにする学び方

学校教育は、すでに「見える」ように抽出されて、体系化・系統化された知識・技術を、学校教育用に再編し、そこから「見える」ものとして取り出して、子どもに与えます。しかし、その知識・技術はそれぞれに、「見える」ようになった事情（プロセス）を持っています。例えば、ある一つの法則も、誰かが観察して発見し、「見える」ように表現してくれたのです。

その法則という知識は、「見えない」ものを観察し発見して「見える」ようにした一連の過程を含めて「一つの知識」です。だとすれば、その過程を再現的に体験し体感して、その法則を学ぶ、ということにも意味があります。「見えない」ものが「見える」ようになる過程が、大切だからです。法則という知識だけでなく、学び方を学べるからです。学び方が豊かになれば、自力でより多くの「見えない」ことを見ることができるようになります。

ことばに関しても同じことが言えます。話しことばは、音声で聞き、動きや表情などを見ることで、とりあえず外形的な意味や使い方などをたどれます。たどたどしく話しながら、相手の反応などで、修正していくこともできます。そうやって、生活に必要なことばの量と幅を広げていきます。

しかし、観念的なことばは、こうした生活的な学びでは習得できません。教わるか、辞書を引く必要があります。辞書は意味が「見える」ようにつくられたものですが、引き方（学び方）を知らないと使えません。普段は無意識に使っていますが、法則として知るには、それなりの学び方や学ぶ力の高い質を求められます。文法も、文字も、それが文字であること、簡単な字の読みは、見聞きして学び取れます。でも、書き方には法則があり、簡単なものは見まねで分かっても、基本的には「見えない」部分のほうが多く、教えてもらうか辞書を引くことを必要とします。子どもが書く鏡文字は、そうした過程を示す例と言えます。

文字、読み・書きの学習では、カタカナ・ひらがなや漢字、アルファベットを読むことが目的ではありません。では、その文字で書かれた文を読めればいいのでしょうか。例えば、読み・書きの教育が始められたのは、国王などの統治権力者の命令を人民が読めるようにして、周知徹底するためだった、とも言われます。メディアやインターネットが流す情報を鵜呑みにする若者たちの傾向を見ると、そのような狙いどおりの読み・書き教育になっているのではないかと、心配になります。

パウロ・フレイレの識字教育では、文字を知り、文を読めるようになるのは、それを手掛かりにして、自分が置かれている今の状況や、そういう状況なのはなぜか、どうすればこの状況を変えられるか、などを読み取り考え行動するためだ、としていると思います。だから、識字教育は、ただ文字の読み書きを教えるだけの教育としては、とらえられてはいません。じつはこれは、生活の中では素朴に行われていることだという気もしますが、フレイレはそれを自覚的に適用しているとも言えそうです。

文章を読むことはたんに字面を読むことではなく、書かれていることから逆に「何が書かれていないか」を読み取ることだ、とも言われます。行間を読む、という言い方もあります。「書かれていない」ことも行間（に書かれていること）も、「見えない」ものですから、質の高い学び力と学び方とともに支援や手助けが必要になります。

金子みすずの詩に「見えぬけれどもあるんだよ／見えぬものでもあるんだよ」というフレーズがあります（星とたんぽぽ）。サン＝テグジュペリの『星の王子さま』（内藤濯訳、岩波書店版）に「心で見なくちゃ、ものごとはよく見えないってことさ。かんじんなことは、目には見えないんだよ」という、よく知られた一節があります。「見えない」ことがあり、それは人にとってきわめて大切なことであり、それを「見える」ようになることは人間にとって大切だ、というメッセージだと思います。視覚優位が強まり表層化している、と言われる今への警告でもあります。

「見えない」もの——。いのち。生まれてきたわけ、生き甲斐。死。こころ、精神、想い、思想。価値、真理、真実、本質。意味、意図。神や仏。方法、段取り。大局観、世界、構造。未来。法則、抽象的な観念や概念や論理。時代を支配する風潮（物語）。真っ暗闇。昼の星、海の底。内側。ウィルスや宇宙線……。

「見えない」ものはたくさんあります。まさに私たちは、「見えない」ものの中で生きています。人と人との間（ジンカン）という「見えない」ものを見たいと思うから、「見る」ためのさまざまな方法が創出されてきました。技術の発達で、「見えない」ものを見た（気づいた）ときから、ヒトは人間になった、のではないでしょうか。「見える」ようになったものもあります。でも、人の生き方にとって大切なものほど、「見えない」ようにも思えます。しかもそれは、技術や機器では見ることはできないのです。

だとすれば、「見えない」ものを見ることのできる学び方や学ぶ力を身につけることは、きわめて重要です。そして、「見る」ことを支援する「教える」ことの大切さがそこにあり、その「教える」行為が学び方や学ぶ力を励まし育てるものであることが求められます。

幼児や小学生の子どもにとっても、このことは基本的に大人と変わりありません。彼らの学びも優れた研究者と同じように、基本的には「学問をしている」のだと思います。そういう子どもたちの学びに、直接、向かいあっているのが、学校教育という営みなのです。

文化的存在としての人と教育の営み

科学、芸術、宗教、そしてまじない、占いなども含めた「文化」（その多くは、「物語」として表され、または「物語」を含んでいる）も、「見えない」ものを見ようとして人間がつくり出したものと言えるのではないでしょうか。文化を獲得することによって、ヒトは自らを人間として形成するのです。人は、自然も文化も取り入れて、文化的な存在として育つのです。「見えない」ものを見ようとして、人間は壮大な観念の世界という文化をつくり出した、とも言えるでしょう。その観念の力で、はるか遠くの宇宙の果てや未来をも見ようとしてきました。

しかし文化は、それ自体がさらに「見えない」ものを創り出し、世界をますます複雑にしてきました。知識を獲得すれば、その知識が「メガネ」となったり「ウロコ」となったりして、見え方を狭めたり歪めたりぼやかせたりもします。時には、取り入れたはずの「物語」に取り込まれて、脱出できなくなることもあります。

文化とは、とても厄介なものでもあるのです。それでも、文化を取り入れなければならないので、「文化とのかかわり方」を身につけることが必要になります。このような、人と文化、またはヒトと「文化的存在としての人間」とをつなぐ営みとして、学びとか教育とかの文化的機能もあるのではないでしょうか。

知識を「持つ」こと、そしてその知識の運用に「習熟する」ことが、人間として「在る」こと（文化的存在として自己形成していく生き方や学び方）と無関係でしかないならば、そういう知識（スキルも含む）や学習のありようは、どこか病んでいると言わざるを得ません。教育の営みが、人が人間として育っていく道筋を切り開き、道しるべを示すことで、人が「人間として在る」ことに資することができるのだと思います。

3　他者——思いどおりにならない他者を知る

他者とのかかわりの中の自己の形成

学ぶとは他者と出会うことだ、と述べました。優れた師を探し求めることだけでなく、傍らにいる他者に「師」を発見することもあります。社会や自然界のさまざまな現象、モノゴト・デキゴトも他者としてあります。

人は学ぶことで、世界・他者に働きかけながら、「世界・他者にはたらきかけていく自分」をもつくっていきます。しかし学校の勉強は、こうした「はたらきかけ」や「かかわり」を遮断した教科書中心の知識習得型の学習になりやすい傾向があり、そうした現実があります。そのために、子どもたちは学びの中で、「世界・他者に、はたらきかけ・かかわり合っていく存在」としての自分を実感することが、とても困難になっているという状況もあります。

「自分中心」「自分勝手」「社会意識の乏しさ」という子どもや若者への批判があり、道徳教育や「心の教育」、奉仕活動などの強化が進められたりしています。しかし、これは間違った認識と対策だと思います。それは、世界・他者に「働きかけ・かかわり合う」ことを十分にできない困難にこそ大きな要因があるのであり、そのために「他者とのかかわりの中の自己」の形成に躓いているからだ、と理解すべきことです。自己の中に取り入れた、他人や社会や自然などの「他者」が不在であったり、貧しかったりするのです。

子どもたちは集団の中で、おのずと学び、模倣し、思考力を伸ばし、行動様式も獲得します。集団への参加によって生まれる学びのプロセスは、集団の変容・かかわり合いと連動します。人間同士の新たな出会いや関係は、前もって計画したり予定したりして展開するわけではありませんから、教職員は集団の中の子どもたちと向かいあって、彼らのペースに合わせつつ、学びのプロセスにかかわっていくことを求められます。互いに互いの存在を認めあい、それぞれが自分自身としての自己を認められるような、学びのプロセスを大切にする、ということです。

他者との関係性としてのシティズンシップ

「他者」とは、人であれモノゴトであれ、自分の思いどおりにはならないものです。「実は自分が考えているように他人も考えているとは限らないのが現実」（小玉重夫『シティズンシップの教育思想』白澤社、発売・現代書館）なのです。しかし、このこともまた、学んで獲得するよりほかなく、学びの場と機会が大事になります。

教員が、自分の計画・構想どおりにすすむ「学級運営」や「授業の進行」を当然と考えていれば、自分の「思い通り」になることがよいことだ・正しいことだ、というメッセージを伝えることにもなるでしょう。しかし、個々の子どもたちもその集団も、教師にとっての「思いどおりにならない他者」としての存在なのです。「教師と生徒との権力関係を含む異質な他者性」（同書）を十分に踏まえて、「教師と生徒の関係をお互いに自分の思いどおりにはならない他者同士の関係としてとらえる視点」（同書）を持つことが、必要になります。

「思いどおりにならない他者」の存在を認識し、その他者との関係をつくり、自らの内部にその他者を取り込んだ自己を育てる。これが、今、求められる「学びをエンパワーする」教育なのではないでしょうか。それは、上から与え施し、教えたとおりに「やらせる」ような教育ではあり得ません。

こうした学びが可能になる学校や教室には、思いどおりにはならない他者との関係性としてのシティズンシップ（市民性）が生まれ、〝小さな市民社会〟が機能しているのに違いない、という気がします。ここでは教員も、「一人の市民」です。

他者を「自分の思いどおりにならない」存在として認めることは、自分も同じような他者として自覚することです。自分の主人公としての自己の存在の自覚です。このような他者相互の関係の社会は「みんな違ってみんないい」社会ですし、個人の尊厳がたっとばれる社会でもあります。こうした関係においては、一人ひとりが自立した強い個人でなければならないのではなく、補足しあい、支えあい、助けあい、学びあうことで、つまり関係しあうことで、それぞれが生かされる社会になるのだと思います。学校や学級に、そういう関係の社会をつくり出していくのが、「小さな市民社会」ということです。

4 「市民力」が育つ～自分づくりと、社会とのつながり

近代国民国家における学校教育と市民社会の未成熟

憲法・教育基本法の改悪をはじめ、戦後的な諸価値への否定的な動きが激しくなっています。なぜ、こうした状況を招くことになったのでしょうか。

憲法が教育に託した「期待」に、応えきれないできた「今」ということを、改めて問い返したいと思います。それは、一言で言えば、ついに「市民社会」をつくり上げられなかった、ということです。

教育を国家の支配から解きほどき、自治に（地域に）任せたのに、それを担う市民が育たず、市民社会をつくれなかったのです。自治力の未熟、市民社会的倫理（道徳）や新しい「公共」性の未創出、伝統・文化の問い直しと個性的な市民の文化への再編成の未達成、崩壊させられた地域社会の再生ができないこと……など、たくさ

んのことが思い当たります。

これらの実現を考えるには、明治以来の近代学校教育の制度・思想・実践への問い返しが欠かせません。特に、公教育体制としての学校教育の見直しです。

近代学校は、国民形成と社会的人材配分（職業配分）の二つの役割を担ってきた、と言われます。ヨーロッパにおいては、ドイツの思想家、フィヒテにとって「国民とは、国家に先立つものであると同時に、ア・プリオリ（先験的）に存在するものではなくて、教育によってつくり出さなければならないものであった。つまり、彼は教育が国民と国家をつくると考えた」（小玉、前掲書）と言うように、近代国民国家をつくっていく構成員としての国民を育てることが教育の課題でした。この国民は、シティズン（市民）と同じ意味で使われてきたのです。

しかし日本では大筋で言えば、国民をつくる前に、いわばア・プリオリに、「皇祖皇宗がつくった国」があり、人びとをその国に属する民（つまり臣民）として統合するために学校教育が設けられたのです。統治機関としての学校教育です。日本では、国民が国家をつくったことはないし（現在の憲法を制定したときがチャンスだったのかもしれませんが）、人びとが自ら、市民のつながりとしての新しい「公共」や、社会を形成する新しい「公民」をつくり出すこともなかった、といえるのではないでしょうか。それを期待されて戦後に新設された「社会科」という教科の挫折にも、それは重なります。

職業配分でも同じです。フランスでは、「職業教育とは、責任ある一市民としての社会参加のあり方を問うことであり、民主的な社会の構築をめざすもの」（池田賢市「フランスの例に学ぶ『心の教育』」『教育評論』二〇〇四年三月、アドバンテージサーバー）と理解されているそうです。国家は、民主主義の原則によって自分たちでつくり上げていくものであり、それゆえに職業を通しての社会参加は重要な教育課題としての市民教育、ととらえられているのです。

「家族との関係から国家との関係へ移行することが、子どもから大人への移行と重なるものとしてとらえられてきた。学校を卒業し、親の保護を離れて自立することが、イコール国家との契約関係にはいること」（小玉、前掲書）という考え方でもあります。成人期への移行をとらえる概念としても、「シティズンシップ」という考え方が使われるのだそうです。

世界的に近代国民国家やその国民のありようや概念が大きく揺らぎ変革を迫られていますが、ヨーロッパではシティズンシップに関しても新しい動きがあるようです（小玉、前掲書）。しかし日本では、シティズンシップはほとんど課題にならぬまま、今に至っている、と言えます。

日本の職業教育には基本的に、市民（シティズン）や市民性（シティズンシップ）、国家や国家との関係、民主的な社会の構築などという課題は出てきません。企業社会、市場競争社会への「適応」指導であり、企業の要請に応じた「人材」育成が中心であったと言えるでしょう。

「国民形成」もふくめて、市民社会づくりに十分に寄与できなかった、ということです。それは「教育の力にまつ」と教育基本法にうたわれた憲法からの期待を実現できなかった、ということでもあります。自発的な精神をもって、自ら学ぶ力を持ち、学び方を身につけた、シティズンシップのある人を育ててこなかったのです。憲法は、その生活的な担い手を「待った」まま、六〇年を迎えてしまった、と言ったら言いすぎでしょうか。

「国民知」から「市民知」へ

おそらく今、問わねばならないのは、「学ぶ」ことと「教える」こと自体のあり方や方向性なのです。学び・教えるべき「知」や「知性」とその内容としての知識・技術のあり方や方向性です。それが課題だと考えます。どのような生き方や社会のあり方を目指して、学び・教えるのか、ということです。

日々の教育活動の中に潜んでいるのは、経済発展、生産中心、競争、能力主義、大量生産・消費・廃棄、能率優先、高速化、中央集権、専門家優先、専門分化など、国家・経済が主導する思考スタイル・価値観による知のあり方（これを「国民知」と呼ぶ）です。これを、総合的・協働的で、地域性を持ち、持続可能で自然循環型といった生活的な知のあり方（これを「市民知」と呼ぶ）の方向に切り替えていこう、と考えるのです。

教育によって「与えられる」知がどの方向を向いているのか、それが自分に何をもたらすのか。その知によってどんな社会がつくられ、自分の生き方がどうなるのか。なぜ、その方向なのか。それを知らないで「学ばされ」ているのは、学びが主体的・自律的ではなく、まちがっているのです。学ぶ者には、自らが学んでいる知の方向性やあり方が、自分にとってどういう意味を持っているのかを知る当然の権利があります。学ぶ権利の本質的な内容です。教育は、こうした学びのプロセスを保障するものでなければなりません。

こうして学び取っていくのが「市民知」です。そして、「市民知」を学んでいくプロセスで獲得していく力を「市民力」と呼びたいと思います。自治的でシティズンシップ的な力です。こうした学びのプロセスが展開できる場にもっともふさわしいのが地域です。

子どもたちが生活し学んでいる場所。子どもたちが持つ体験的な知と学問的・論理的な知とが出あう場所。教職員が学問的・論理的な知を自分の生き方の中に位置づける場所。子どもや保護者・市民との「直接的な関係」としての教育を築く場所。子どもたちが「市民」として育つ場所。――これらの「場所」はいずれも「地域」社会です。

地域に、こうした教育を築いていこうとするとき、主体的・自律的な「まなび」からの視点や発想は大きなキーとなるのではないでしょうか。そしてもう一つは、「市民」――新しいシティズンシップ・市民力・市民知・地域市民・自治的市民など――だと思います。

地域の学校、地域の教育は、この「まなび」に応え、「市民」が育つ場と機会であり、「まちづくり」（地域づくり）のセンターでもあると思います。そういう学校・教育をつくっていくためには、教職員もまた「市民」であり「学ぶ人」であることが求められるのです。

5　物語をつくる・読み取る・変える

学び方の型（物語）をつくる

幼児が「お話」を聞くのが大好きなことは、体験的にも分かることです。「お話」は、情報や体験や知識を小さなストーリーに編集しています。「お話」を聞くことで、体験したことや知っていることを確認したり、未知のことに興味をかきたてたりします。「お話」を聞きながら、自分なりのお話の世界に浸ったりもします。「お話」は、「見えない」ものや体験できない世界を「見える」形に組み立てて、体験させてもくれます。昔話は、「昔むかし、あるところに……」と始まり、異界・他界に連れて行って、「……だったとさ。おしまい」と現実に引き戻す型で作られています。「おしまい」の後に、教訓がつけられていることもあります。この型によって、異界や他界に遊べるのです。現実の世界と、異界・他界とを往還するのです。還れない困ります。そして現実に戻ることは、現実を現実として認識することでもあります。

身に染み付いた「教えられる」という型は、「教えられている自分」という自己の物語を受け入れたありようだ、と見ることもできます。主体的・自律的に学ぶには、この型（物語）を読み取り、壊して、自分なりの学び方としての型（物語）をつくっていくことが必要です。その人の学び方は、その人の生き方でもあり、自分の生き方をどう編んでいくかという物語のつくり方でもあります。

物語を読み取る

この「物語」というテーマを当初から、「学びの論理と文化」研究委員会では大切なテーマの一つとして設定しました。学ぶプロセスは物語をともなっており、物語との付き合い方は学び方・生き方を考えるのに大きな意味を持つ、と考えるからです。

物語とは、いわゆるストーリーだけでなく、人の名前も一つの物語ですし、何かの理由付けや言い訳も、自分自身への認識も、イデオロギーや宗教言説も、コトワザなどの故事名言も、そして世界の掴み方も、さらに教育課程や学習指導要領も、物語としてとらえられると考えています。言い換えれば、筋書きや筋道や筋立ての叙述です。学習指導要領とは、文部行政が考えた国家の教育の筋立てであり、意図や思想や要求によって叙述され、国家が描く物語がそこに塗り込められています。

また、一つの学級には、その学級の物語があります。そこにいる子どもたち個々の物語があり、その絡みあいがあり、全体の物語があって、それが日々、そして一年を通して、さまざまに展開していきます。いじめも、物語の展開として、行われていきます。このクラスの物語を、どう認識し、問い返し、自分たち自身の物語として紡いでいけるかは、学級運営の大事なポイントでしょう。教員はしばしば、自分が描いた筋書きどおりに学級を運営しようとし、また授業を展開しようとし、子どもたちがその筋書きに乗るのを拒むと、学級崩壊や授業崩壊という〝ドラマ〟になったりもします。

物語を編集し紡ぐ

世の中のさまざまなモノゴト・デキゴト、体験や記憶、法則や約束などは、多様な「物語」として記憶され、記録され、伝えられています。この物語をたぐり寄せて、自分の中で問い返し（編集し直し）、うまく生かしていけるか、それとも、たぐり寄せた物語に引きずり込まれ、または物語にたぐり寄せられ翻弄されて、生き方を狂わせるか。ここで、どんな学び方をしているか、どんな学ぶ力を持っているか、ということが問われます。

たぐり寄せて活用できる物語は、たくさんありますから、物語をたぐり寄せる力や編集する力を持ち、その力を主体的・自律的に発揮できれば、物語とは心強い助っ人になります。逆に、カルト宗教や原理主義イデオロギーなどは、そういう学ぶ力の乏しい人を、標的にします。そういう人は、それについて判断するための学びもしていないからです。

「物語」をたぐり寄せる。たぐり寄せた物語を編集する。（物語をバラバラにして既成の関係や意味や概念を解体する――並べ替えたり筋立てを変えたりしてみる――新しい意味や関係の発見――〈この過程で、疑問・批判を出し、自分の問いを立て、自問自答し、判断し選択している〉――自分の考え・意見・主張をつくる――形にまとめ表現する。）物語をこわしてみる。物語を紡ぐ。

こういうことは日常生活の中で、誰もが無意識のうちに行っていることです。これを自覚的に行ってみることが、主体的・自律的に学ぶということです。

今、世界の隅々の些細なことも含めて、多くの情報が押し寄せてきます。情報は、その背後にたくさんの物語を立て、疑問や批判（自分の問い）を潜ませつつ、時には無表情に、時には過激な表情で、語りかけてきます。自問自答し、判断・選択することができないと、情報に取り込まれ、翻弄されることになりかねません。

誰かが、どこかで、何かの基準で、「正しいもの」として選び並べた知識・技術を、ただ与えられ・教えられ・受け入れ蓄えていくという教育と学び方は、どこかの誰かの基準で編まれた物語を無批判に受け入れることを意味します。それが、国家であれ、科学であれ、地域の常識であれ、学ぶ者の「問い」をくぐらせるべきであり、そうしようとしない教育は見直されるべきなのです。学ぶ人たちを、だますことなるかもしれないからです。戦前の軍国主義教育は、義勇報国や満蒙開拓などの国家の流す「物語」に駆り立てて、多くの青少年をだまし、犠牲にしたのです。

6　ソフトパスという知の方向性

どちらに向いた知識を、どちらに向いて学ぶか。その選択肢の一つが、国民知の方向か、市民知の方向か、ということです。今の世界の大きな課題なのだと思います。どちらを向いて学ぶかで、身につけるべき学びの内容や質やレベルも、求められる学びの力や学び方も、そして学びの場のあり方や教育（教え）の形も変わってくるからです。

学ぶ人が、何のために、何を、なぜ、どう学ぶべきなのかを、自ら発見していけるように、教育のあり方を考えることが必要です。例えば、教科書に書かれていることが、特定の方向を目指しているなら、そのことを取り上げつつ、他の方向の考え方も示し、学ぶものに考える材料を提供することを、少なくとも考えてほしいのです。そうでなければ教職員は、国民知への誘導役になってしまうでしょう。

学びの原点は、ヒトが人として、人間として生きていくことにあります。しかし、科学・技術が生活の中にまで入り込んできているこの時代は、それゆえに一人ひとりが生活の中で自ら判断するのか・しないのかを問われています。判断するのは市民知の立場、しないのが国民知の立場、とも言えるでしょう。科学・技術はしばしば、人のヒトとしての生存を脅かし、危うくさせもします。だから、市民知の立場で判断できる力が必要になるわけです。こうした力を「市民力」と呼んでみました。

学びの方向を考えるとき、これからの社会のあり方、人びとの生き方をどう展望するかを考えることが必要です。ヒト・人そして人間として生きるために学んでいくプロセスの中で、その方向としておのずと出てきた知のあり方が、市民知なのです。何を、何のために、なぜ、どのように学ぶかを、人間的な生き方を求めて決めていく方向です。

その市民知の中身として、「ソフトパス」という考え方を挙げておきます。石油やウランなどにエネルギー資源を頼り、大量生産・大量消費・大量廃棄をともなった豊かさ・便利さ・快適さを追い求め、中央集権的でエリートを評価し能率（時間節約）を優先する考え方・生き方が、現在の支配的なあり方です。これを「ハードパス」と呼びます。

それに対して「ソフトパス」は、自然エネルギーの利用と自然との共生を基本とし、ほどほどをよしとし、持続可能で「みんな違って、みんないい」社会を目指します。国家概念よりも市民社会、中央集権よりも地方分権・自治を大切にします。

もう一点、知識とのかかわり方についても考える必要があります。大量の科学知識、専門知識があふれ、それを知らないと自分の生命や健康も守れないような時代になっています。でも、すべての知識を知ることなどは不可能です。また、すべてを知っている必要もないはずです。さらに、断片的な専門知識などを持つことは、危うい場合もあります。

求められるのは、必要だけど知らないこと（知識・技術や考え方など）にアクセスしていけること、または知っている人と関係をつくっていけること、つまり学びとっていく力を持っていることなのです。そして、その知識などを生活化し、総合化できることです。これは「市民知」「市民力」の立場であるとともに、ソフトパスの考え方でもあると思います。

＊　＊　＊

真に「まなび」を考えるということは、自らの生き方を自ら考えることであり、その生き方を実現する社会のあり方を考えることです。人が世界・他者にはたらきかけつつ、その「はたらきかける自己」を形成していく営みが「まなび」、学ぶ行為だからです。

学んで生きるということは、人間としての自己の主人公となることでもあり、それぞれの人が社会の主人公となることです。そういう人のありようをシティズンシッシップ（市民性）といい、そういう人たちの関係性としての新しい共同性＝公共性のはたらく社会が市民社会です。こういう人と社会のあり方に向けて、「学ぶこと」と「教えること」のあり方と、その関係のありようを、「まなび」のまなざしから見直してみました。

人びとが自らの生き方を自ら考え、社会のあり方を考えることに、教育がどういう役割をどのように果たせるのかは、学ぶ人やその学び方とどうかかわるかで違ってきます。そこに、教育のあり方を見直す方向も示されてくるのではないでしょうか。

おわりに

「まなび」とか「学ぶ」という側の視点・視角・視野から、そのまなざしから、「教育」とか「教える」ということを見直してみよう。これが、「学びの論理と文化」研究委員会の発想でした。ですから、もちろん、教育・学校や教職員の役割を否定しようということを考えたものではありません。学びに対して「絶対化」したようにも見える教育を「相対化」してみることが、学びの側からのまなざしでできないか、という発想です。

視点・視角・視野を変えてみると、同じものの見え方が違ってきます。見える風景が変わってくるのです。これまで、もっぱら、教育や教える側からばかり、または教育学という側からばかりの視点・視角・視野で、「まなび」や「学ぶ」ことを見てきたのです。それを「教育的な発想」などと言ったりもしてきました。

研究委員会の論議を振り返ると、一人ひとりの認識の奥に無意識の発想として、この教育的な発想（パラダイム）がきわめて強く根づきはたらいていることを、痛感させられました。それで、「一度、教育を止《や》めてみようよ」と言ってみる必要も感じました。無意識の「教育的な発想」から自由になるためです。教育という「メガネ」を外して、教育の色に染められていない、裸の「まなび」を見てみよう、ということです。そこに、生活している、つまり遊んだり仕事をしたりしながら、まねび倣い、習い学んでいる子どもたちの姿が、教育というスクリーンをとおさずに見えてくるのではないか、と思うからです。

委員会の論議は、「学力低下論」がはびこっていた状況もあって、「学力」論に多くの時間をとられました。しかし、この委員会で見据えようとしたのは、「学びの質の低下」についてだったと思います。学校における子どもたちの学習の質が低下しており、学校における学習に従属している生活の中の学びの質も低下してきている。生活の中の学びの質の低下は、再び学校における学習の質の低下に跳ね返り、学びの質の全体的な低下を招く。こうした悪循環を、どうやって断てるのか、を考えたのだと思うのです。

そこに、「学ぶこと」と「教えること」との関係のあり方が見えてきます。しかし、それを見極めようとすると、「学び」観、「教え」観の問い直しも、論議することが必要でした。さらには、人間としての生き方などの人間論から、社会観や自然観、文化や文明や科学、国家や市民社会、近代社会と近代的知性などについての論議にまで及びました。それは、二年間では論じ尽すことができないものでした。

このような委員会での話し合いをとおして見えてきた子どもの姿、「学び」の姿から、教育のあり方を見直してみたかったのです。それは、学ぶものが求める教育のあり方や形を求めることです。「まなぶ」側からの「教育への希望」を、紡いでみることでもあります。なぜ、いつも、子どもは教育から要求ばかりされて、教育に合わせることばかり求められて、それに必死で応えなくてはならないのか、という問い返しでもあります。これは、不登校というより登校拒否の子たちの気持ちでもあるかもしれません。

しかし現実の制度としての学校教育は、「教育的な発想」による教育のさらなる拡充・強化の方向に「改革」されようとしています。ますます、「希望」から遠退いていくことが心配される現状です。

「教育指導」が強まる動きの中で

教育基本法の「改正」案は、国家による統治のための教育権限（国家の教育権）の復活と強化を明確にしています。「愛国心」ももちろん大問題ですが、それよりも、どのような内容の「愛国心」をどのような方法により教えるかの権限を、国家（その政権の執行機関としての文部・教育行政）が握ることに、重大な問題はあるのです。教職員は、そうした教育（文部）行政の従属者にされます。目の前の子どもと保護者と市民に対して「直接に責任を負う」ことより、教育体制に責任を負う忠実な執行者であることが求められます。それは、教職員（評価）制度の評定項目の中に、すでに色濃く出てきています。

まさに、子どもにも教職員にも、上からの「教育指導」がのしかかってくる、ということです。こうした状況に抗しつつ、学んで生きる子どもたちに寄り添うには、どうしたらいいのか。おそらく、「教育的な発想」に閉塞していたら、権力によるお仕着せの教育に丸め込まれ、飲み込まれていくのに身を任せるよりほかはないに違いありません。

せめて、非「教育的」な発想、学ぶ側からのまなざしを、教育に携わる自分の内側にしっかりと植えつけて、目の前の子どもと保護者・市民との直接的な関係を着実につくっていく、という覚悟がなければいけない、ということになります。しかも、子どもたちの後ろにいる大人たち（保護者・市民）も、教育的な発想（教育化・過・禍・渦）にズブヌレなのですから、彼らの認識の質を変えていくことも大きな課題としてあります。

教育の専門家・プロフェッションである教職員は、教育的な発想にズブヌレになっていてはいけないのです。教育のプロとは、誰よりも教育について学び考えている人であり、それは誰よりも教育を問い返している人間であるはずであり、それゆえに教育を相対化できなければいけないからです。ズブヌレになっている人たちに、救いの手を差し伸べられるかどうかが、問われるのではないでしょうか。

そうでなければ、教職員はふたたび戦前の「訓導」にさせられ、国策により子どもたちを「教化」する役割を果たすことになる恐れも強まっていきそうな状況に、抗することはできないように思われます。教職員にも、

「学んで思うな、そして罔《くら》くなれ」、つまり上意下達に従うことを学べ、という攻撃が強まっているのです。

「日の丸・君が代」の強制に抗して処分された教員への東京都教育委員会の再発防止研修で、「上司の職務命令が違憲・違法かどうかの解釈は、個々の公務員は行うことができない」という発言があったそうです。職務を行う上で、公務員には基本的人権はない、ということです。

教育と学校への願いと希望

教育基本法「改正」の動きは、憲法が「教育の力」に託した「理想の実現」という期待を切り捨てようとするものです。その目指す「理想」は、「民主的で文化的な国家を建設して、世界の平和と人類の福祉に貢献しようとする決意」であり、「個人の尊厳を重んじ、真理と平和を希求する人間の育成」や「普遍的にしてしかも個性豊かな文化の創造」です。

教育基本法の改悪だけでなく、憲法九条を中心にした憲法改悪、ミサイル防衛のための「敵基地攻撃論」、「防衛省」昇格法案、共謀罪法案などなど、憲法の理想を踏みにじる方向に進もうとする、激しい動きがあります。天皇が記者会見で愛国心について聞かれ、一九三〇年代以降に起きた歴史的事実を想起して忘れないでほしい、と語りましたが、それはその時代を知る多くの人たちがすでに警鐘を鳴らしていることです。

教育基本法が改悪されようとされまいと、憲法が「教育の力」に託した期待は、けっして失われません。憲法が目指した社会のあり方、価値観と、一人ひとりの生き方への願いは、個々人の中にしっかりとあるはずだからです。それが、これからさらに育ち、大きくなっていくためには、「教育の力にまつ」ことは、けっして否定できません。

しかし、なぜ、この六〇年間、期待に応えきれなかったのか。反動的な政治や文部行政のせいばかりにして済ますわけにはいきません。「教育」や「学校」が、その根底にある教育思想や教育観が、憲法や教育基本法の求める方向に変わりきれなかったのには、私たちの側に問い返すべき課題がたくさんあるのではないでしょうか。主体的・自律的な「まなび」の視点から教育を問い直してみることには、こういった意味合いもあるように思います。

教育と学校という仕組みは、人間社会がつくり出した巨大できわめて有効な発明だと思います。生活の中の学びは、組織的ではなく、体系的でも系統的でもなく、効率的でもないものです。それを、社会的・計画的にし、組織的なものにして、効率的な機能にしたのです。教育と学校の発明により、それをよりうまく活用したところは、大きく早く進歩・発展しました。

しかし、ものごとにはつねに負の側面があるように、教育と学校にも負の側面があります。それを見つめずに、教育と学校の拡充・強化・整備にばかり進むと、負の側面も膨らんでいくのです。教育と学校が、「学ぶ行為」と「教える行為」との相関関係、相互交流としてあると考えれば、一方ばかりの拡充・強化はそのバランスを崩すことになります。

学校化社会・教育化社会というのは、そして「化」に「過剰の過・惨禍の禍・渦巻きの渦」を当ててみたのには、それを示すねらいもありました。この「化・過・禍・渦」をなくしていくことが、相対化ということでもあります。

「子ども」の「学び」を強調すると、すぐに「子ども中心主義」だと反論されます。学びの側からのまなざしは、一つの中心ではなく、多様な中心を持つものだと思います。つまり、〝多中心〟型の思考を要請するということです。子ども「中心」は、教える人にも、保護者や地域市民にも自らが主体的・自律的に「中心」であることを求めます。それぞれが中心（主体）でなければ、互いが中心（主体）となった主体相互の関係はつくり得ないのです。それを、相対化と言ってもいいでしょう。「子ども中心主義」という反論の底流には、いわば中央集権的な発想、二分化的な支配の発想が横たわっているように感じます。それは、子どもが中心か教員が中心か、学びが中心か教育が中心か、という分割・選択の発想だ、とも言えるのではないでしょうか。

教育と学校への願いと希望を大切にしながら、「学びの論理と文化」研究委員会の論議は続けられたように思います。教育と学校への批判にも、そうした願いと希望が込められています。

＊　＊　＊

この原稿は、「学びの論理と文化」研究委員会の二つの報告を下敷きにして、新たに書き起こしました。報告書からは、一部はそのまま引用しましたが、多くは再編したり地の文に書き崩して入れたりする形で引いています。

『あしたの学びを考える』（中間報告書、二〇〇三年五月）と、『学びと教えの分裂をどう超えるか』（最終報告書、二〇〇四年五月）の二つの報告書（いずれも、『教育総研年報』に所収）も合わせてお読みいただければ、ありがたいです。また、教育総研の研究委員会の報告として、学校改革研究委員会報告『つながり、つなぐ学校へ――育ちあう地域とともに』（二〇〇〇年五月）、「学校システムをめぐる人と人との関係論」研究委員会報告『学校のパラダイム転換を求めて――統制的関係から共居へ（二〇〇一年七月）が、先行研究の報告としてあります。教職員評価制度問題研究委員会の報告『教職員評価（育成）制度の現状と課題——先行都府県の実態に学び、これからの取組みに活かす』（二〇〇五年六月）も関連の研究報告です。あわせて、ご参照ください（いずれも、『教育総研年報』に所収です）。

「学びの論理と文化」研究委員会のメンバーは、次のとおりです。

研究委員長・里見　実
研究委員・小澤　紀美子／桜井　智恵子／清水　眞砂子／山口　幸夫
研究委員（幹事）・長谷川　孝／研究委員（オブザーバー）・嶺井　正也

なお、この原稿は、幹事の長谷川が担当し、その責任においてまとめました。

原稿がたいへんに遅れたにもかかわらず、教育総研の創立十五周年の記念日に間に合わせて刊行していただきました。現代書館で編集を担当してくださった小林律子さんにお礼を申し上げます。

長谷川　孝

❖学びの論理と文化研究委員会（所属は当時）

委員長　里見　実（國學院大學）
幹事　長谷川　孝（駒澤大学・教育評論家）
委員　清水眞砂子（児童文学評論家・翻訳家）
山口　幸夫（法政大学）
小澤紀美子（東京学芸大学）
桜井智恵子（頌栄短期大学）
オブザーバー　嶺井　正也（専修大学）

❖国民教育文化総合研究所

〒101-0003　東京都千代田区一ツ橋2-6-2　日本教育会館6階
電話 03-3230-0564　FAX 03-3222-5416

国民教育文化総合研究所15周年記念ブックレット2
〈まなび〉と〈教え〉――学び方を学べる教育への希望

2006年10月20日　第1版第1刷発行

編者　長谷川孝
発行者　菊地泰博
組版　美研プリンティング
印刷　平河工業社（本文）
東光印刷所（カバー）
製本　越後堂製本

発行所　株式会社　現代書館
〒102-0072　東京都千代田区飯田橋3-2-5
電話 03（3221）1321　FAX 03（3262）5906
振替 00120-3-83725　http://www.gendaishokan.co.jp/

校正協力・東京出版サービスセンター

ISBN4-7684-3461-4

山下英三郎・石井小夜子 編
子ども虐待 国民教育文化総合研究所 十五周年記念ブックレット1
——今、学校・地域社会は何ができるか

児童虐待防止法によって通報が義務化され、虐待が顕在化された結果、二〇〇四年には処理件数が三倍に。虐待の現状を検証し、家族関係・家庭の養育力の要因にとどまらず、学校における虐待、不登校や非行との関連にも注目する。その上で子どもの視点からの対策を提言する。 1000円＋税

嶺井正也・池田賢市 編
教育格差 国民教育文化総合研究所 十五周年記念ブックレット3
——格差拡大に立ち向かう

格差社会の根底を築く教育における格差拡大。個人の能力・資質以上に広がる格差の原因は何か。学力格差、教育機会の格差（貧困、マイノリティ等）の実態を明らかにし、その原因を社会背景・国家政策から検証したうえで、格差拡大に向けて政策的・実践的な提言を行う。 1000円＋税

M・スリ・プラカシュ、G・エステバ 著／中野憲志 訳
学校のない社会への招待
——〈教育〉という〈制度〉から自由になるために

「不登校」よりももっとラディカルに学校という制度から教育を取り戻す試みが始まっている。いま世界の見えざる潮流となっている非学校教育と脱教育社会の本質を捉え、公的監視や官製知識から自由になり、学びの可能性を広げているさまざまな運動を詳解する。 2300円＋税

小玉重夫 著
シティズンシップの教育思想

〈市民〉のあり方を思考する「シティズンシップ」をキー概念として、教育思想を読み直し、教育学の最前線で行われている議論を分かりやすく紹介する。新しい公教育としての〈市民〉への教育を構想する画期的な教育学入門。 1800円＋税

小笠原和彦 著
学校はパラダイス
——愛知県緒川小学校オープン教育の実践

校内暴力・不登校・学級崩壊……。学校教育再生のため「生きる力」を育て、「個性重視」の教育を文部省・中教審は打ち出したが、二十年も前から、教室の壁を取り払い、個性化・個別化教育、総合学習を実践し、子どもたちが学校は楽しいと言っている学校がある。 2000円＋税

北村小夜 著
能力主義と教育基本法「改正」
——非才、無才、そして障害者の立場から考える

百人に一人のエリート養成のための能力主義教育、戦争できる「ふつうの国」づくりのための愛国主義教育は誰のための教育「改革」なのか。「お国のために役立たない」と排除され続けた障害児の側から、日本の分離教育の歴史と教育「改革」の本質を糾す。 2200円＋税

全米ソーシャルワーカー協会 編／山下英三郎 編訳
スクールソーシャルワークとは何か
——その理論と実践

いまなぜ学校教育は危機を迎えているのか。この問題に早くから取り組んできたアメリカが創出したスクールソーシャルワークというアプローチを、一一の論考から明らかにする。生徒・家庭・地域・教員・学校の互いのかかわりの連携から解決の方策を考える。 3200円＋税

白澤社 刊

定価は二〇〇六年十月一日現在のものです。